ACHETER UNE
FRANCHISE

Couverture
- Conception graphique:
  KATHERINE SAPON
- Photo:
  CENTRE CRÉATIF DE MONTRÉAL

Maquette intérieure
- Photocomposition et montage:
  COMPOTECH INC.
- Tableaux:
  ANNE BÉRUBÉ

Équipe de révision
Anne Benoît, Jean Bernier, Patricia Juste
Marie-Hélène Leblanc, Jean-Pierre Leroux,
Linda Nantel, Paule Noyart, Robert Pellerin,
Jacqueline Vandycke

DISTRIBUTEURS EXCLUSIFS:

- Pour le Canada:
  AGENCE DE DISTRIBUTION POPULAIRE INC.*
  955, rue Amherst, Montréal H2L 3K4 (tél.: 514-523-1182)
  * Filiale de Sogides Ltée

- Pour la France et l'Afrique:
  INTER-FORUM
  13, rue de la Glacière, 75013 Paris (tél.: (1) 43-37-11-80)

- Pour la Belgique et autres pays:
  S. A. VANDER
  Avenue des Volontaires, 321, 1150 Bruxelles
  (tél.: (32-2) 762.98.04)

ACHETER UNE FRANCHISE

PIERRE LEVASSEUR

Avec la collaboration de
CORINNE BRULEY

LES ÉDITIONS DE L'HOMME *

CANADA: 955, rue Amherst, Montréal H2L 3K4

*Division de Sogides Ltée

Données de catalogage avant publication (Canada)

Levasseur, Pierre

  Acheter une franchise

  (Collection   Affaires)

  Bibliogr.: p.

  2-7619-0639-X

  1. Concessions (Commerce de détail) - Québec
(Province). I. Titre. II. Collection.

HF5429.235.C3L48 1986   658.8'708'09714   C86-096465-5

Bibliothèque nationale du Québec
Dépôt légal — 4ᵉ trimestre 1986

ISBN 2-7619-0639-X

Mot de l'auteur

L'idée de mettre sur pied une collection intitulée «Affaires» est le résultat d'une longue expérience dans la consultation et la formation auprès des gens d'affaires.

À l'issue de mes conférences et de mes séminaires, on me demandait souvent des documents résumant la matière exposée. C'est afin de répondre à ce désir que ces livres ont vu le jour. Leur unique objectif est de permettre au lecteur d'acquérir des connaissances de base dans le domaine des affaires qui augmenteront ses chances de succès.

Cette collection présente, bien sûr, des données qui ont déjà été exposées dans certains ouvrages spécialisés. Notre défi consiste à présenter ces mêmes données sous un jour neuf qui permettra au lecteur de trouver l'idée, le concept, la méthode, le test, etc., qui le feront progresser sur la route du succès.

Pierre Levasseur

L'auteur tient à remercier Nicola Meffe pour sa précieuse collaboration et France Lavoie pour la dactylographie.

Avant-propos

Le présent volume se veut un résumé des notions essentielles à la compréhension du franchisage. Il est destiné aux dirigeants d'entreprises ou à ceux qui aimeraient le devenir, et à tous les intervenants du milieu.

Son contenu est surtout orienté vers le futur franchisé. Dans les six premiers chapitres, il pourra se familiariser avec tous les concepts et mécanismes du franchisage, puis, dans le dernier chapitre, il trouvera les outils nécessaires à l'élaboration d'une demande d'achat rationnelle et efficace.

Ce livre est fortement inspiré du *Guide du franchisage*, ouvrage volumineux édité par Levasseur et Associés, qui constitue un des rares ouvrages québécois aussi exhaustif sur le sujet. Nous désirons que ce présent livre soit un instrument de travail pour ceux voulant s'engager dans le domaine et un outil pour les conseillers en franchisage.

Il fait partie de la Collection «Affaires», nouvelle collection d'ouvrages de vulgarisation et de support à la prise de décision.

Chapitre premier
Qu'est-ce qu'une franchise?

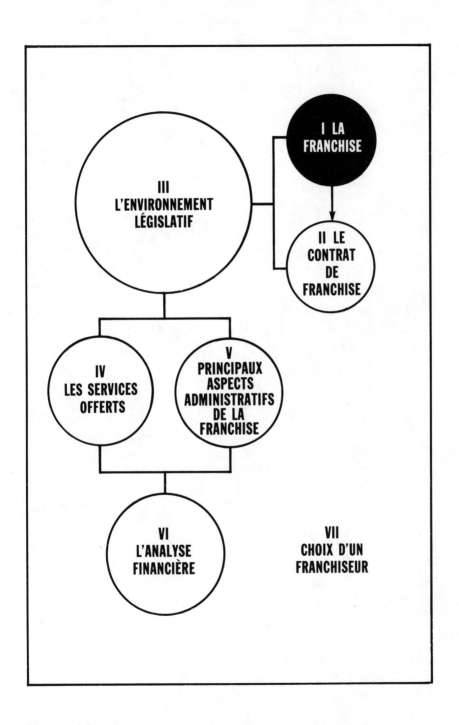

Le mot «franchise» dans quelque sens qu'on le prenne évoque l'idée de liberté. On retrace son origine aux premiers Francs, peuple qui à cette époque était libre. Par la suite, au onzième siècle, lorsque le Cid assiégea et prit Tolède, on donna des franchis ou franchises aux Français qui s'étaient joints à cette expédition...

Le Robert.

Ce chapitre se veut une introduction au reste du volume, dans ce sens où il définit clairement les termes de franchise, de franchisage, de franchiseur, de franchisé, etc. Ces définitions permettront au lecteur de bien saisir les notions abordées dans les chapitres subséquents.

Il s'agira de plus de situer le système de franchisage par rapport aux autres systèmes d'entreprise existant au sein de notre économie, en précisant ses avantages, désavantages et facteurs de réussite. Ceci afin que le lecteur puisse saisir la raison de la popularité sans cesse grandissante de ce système auprès des investisseurs québécois.

1.1 Définition globale

Malgré le fait que les États-Unis, pionniers dans l'élaboration des techniques modernes de gestion, aient plus ou moins introduit le franchisage au Québec, il n'en reste pas moins que, paradoxalement, ce terme correspond, comme nous l'indique la définition donnée en exergue, à la plus ancienne définition française de ce

15

mot. Ainsi, en 1973, les mots «franchisage» et «franchise» ont été acceptés comme étant une francisation du mot anglais *franchising*.

Toutefois, selon les membres de l'Académie française, que l'on appelle communément «les chiens de garde de la langue française», ces deux termes prennent parfois, dans certaines phrases, des significations inexactes lorsqu'ils sont confondus avec les mots concessions, détenteurs de droits ou privilèges commerciaux, licences, etc.

Dans notre cas, il est préférable de laisser ces interminables débats de sémantique aux linguistes. Le but de cet ouvrage étant de démystifier le monde du franchisage, franchissons le premier obstacle de taille, à savoir le jargon commercial.

Définition globale

Le franchisage est un système contractuel de collaboration entre deux entreprises juridiquement indépendantes, par lequel le franchiseur octroie au franchisé, moyennant un droit initial et des redevances, le droit et le privilège d'exploiter selon des conditions clairement définies une marque, un procédé ou une formule commerciale matérialisée par l'emploi d'une affiche ou d'une enseigne. Le franchiseur s'engage également à contribuer à la réussite de la franchise en accordant son savoir-faire, éprouvé par une franchise-pilote.

Cette définition d'ordre général peut se décomposer en plusieurs éléments:

a) *La relation contractuelle.* La relation franchiseur-franchisé est celle de deux entreprises juridiquement indépendantes. Toutefois, la raison d'être du franchisage se fonde sur une base juridique qui est, en l'occurrence, un contrat d'affaires.

b) Du contrat découle le *partage des tâches*. En signant le contrat, le franchiseur s'engage à fournir tout son savoir-faire commercial afin d'assurer le succès de chaque nouvelle franchise. D'autre part, le franchisé s'engage à appliquer les directives qui en découlent.

c) Le contrat protège un *territoire*. Une fois que le franchiseur accorde un droit d'exploitation à une entreprise, cette dernière se voit octroyer un territoire de vente bien délimité. Cet accord revêt un caractère exclusif car aucune autre franchise ne peut évoluer dans le territoire concerné.

d) Franchiseur et franchisé respecteront les *règles du jeu*. En effet, selon le contrat, les deux parties sont tenues d'accepter de travailler dans un cadre de normes préétablies. En termes concrets, le franchisé devra suivre à la lettre les instructions contenues dans les différents manuels faisant partie du *franchise package*, préparés et fournis par le franchiseur. Ce dernier veillera pour sa part à ce que chaque franchisé respecte la «recette» afin d'assurer l'uniformité de son réseau.

e) *La rémunération du franchiseur*. En considération du privilège accordé par un franchiseur, le franchisé est contraint de débourser des sommes assez importantes. Premièrement, avant même qu'il n'enregistre sa première vente, il devra payer un droit d'entrée. Ensuite, la rémunération prendra la forme d'un montant fixe ou d'un pourcentage du chiffre d'affaires brut du franchisé.

1.2 Définition des mots clés

Tous les domaines d'intérêt possèdent un jargon qui leur est propre. Le franchisage ne fait pas exception à cette règle. Voici un petit lexique des principaux termes employés:

• **Le franchiseur** (*Franchisor*)

Ce terme désigne l'entreprise qui est propriétaire de l'ensemble des éléments constituant un savoir-faire commercial qu'il concède aux investisseurs.

- **Le franchisé** (*Franchisee*)

Ce dernier est une entreprise juridiquement indépendante du franchiseur, mais qui s'engage à exploiter un commerce selon les normes du contrat qui le lie au franchiseur.

- **La formule** (*Franchise package*)

La formule constitue la pierre angulaire d'un système de franchise. C'est un vaste ensemble comprenant le nom commercial, la marque, l'enseigne et le savoir-faire technique et commercial. Cette formule est l'apanage unique et *inviolable* du franchiseur qui l'a conçue et développée.

- **La franchise-pilote** (*Pilot franchise*)

Par cela, on entend la première entreprise à laquelle le franchiseur accorde une franchise. Il va sans dire que la recette n'ayant pas encore fait ses preuves, le risque encouru par la franchise-pilote est très élevé. Par conséquent, les conditions du contrat doivent refléter cet état des choses.

- **Droits initiaux** (*Entrance fee*)

Ce terme désigne le droit d'entrée versé au franchiseur par le franchisé. Ce versement s'effectue à la signature du contrat et est considéré comme forfaitaire. Toutefois, si les deux parties s'entendent à cet effet, le paiement de cette somme peut être étalé sur une période déterminée.

- **Redevances** *(Royalties)*

Ce montant d'argent versé au franchiseur par le franchisé est fixé en pourcentage des ventes de la franchise. Ceci, afin de rémunérer l'apport et les services permanents du franchiseur.

- **Savoir-faire** *(Know-how)*

L'ensemble des connaissances techniques et commerciales se rapportant à la fabrication et à la commercialisation d'un produit ou service.

- **Maître-franchisé** *(Master franchise)*

Parfois, dans un système de franchise, le franchiseur décide

18

de confier une partie du territoire à un maître-franchisé qui, à son tour, accordera des sous-franchises.

- **Vente à la chaîne** *(Pyramidal sale)*

Aberration frauduleuse du système de franchise. Le franchisé ne reçoit ni savoir-faire, ni territoire exclusif, ni garanties de réussite et il est fortement incité au recrutement d'autres franchisés s'il espère récupérer une partie de ses droits initiaux.

Figure 1.1 Exemple de la structure d'un réseau de franchises

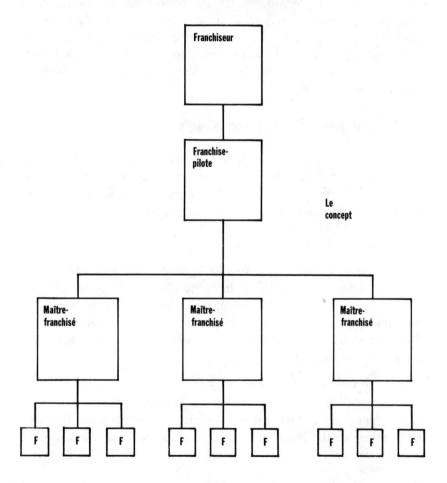

1.3 Les différences entre l'achat d'une franchise et le lancement d'une nouvelle entreprise

En tant qu'investisseur en puissance, recherchant autonomie et rendement sur son capital, vous devez choisir entre trois voies bien distinctes. Vous pouvez acheter une entreprise existante, en fonder une toute neuve ou acquérir une franchise. Nous nous contenterons ici de décrire sommairement les différences marquantes entre le lancement d'une entreprise et l'achat d'une franchise. Ceci devrait vous permettre de réaliser que la voie que vous emprunterez dépendra de votre situation personnelle, de votre niveau d'aversion pour le risque, etc. Pour plus de détails au sujet de l'acquisition ou de la fondation d'une entreprise, nous vous suggérons de consulter le volume de cette collection qui s'intitule *Lancer son entreprise*.

1.4 Types de franchises

Actuellement, il est possible de choisir parmi trois grands groupes de franchises: produits, marques de commerce, exploitation. Chaque groupe répond aux attentes, aux vocations et aux goûts personnels des différents investisseurs.

1.4.1 Les franchises de produits

Ce type de franchises se distingue par une caractéristique déterminante: il est fondé sur la vente d'un ou de plusieurs produits particuliers. Par conséquent, la relation franchiseur-franchisé est généralement de l'ordre producteur-grossiste ou producteur-détaillant. Cette sphère commerciale peut se diviser en quatre sous-groupes.

a) *Franchise fabricant-détaillant*

Dans ce cas, le détaillant obtient, par l'octroi d'une franchise du fabricant, le droit de distribuer certains produits identifiés tout en se réservant la liberté d'en vendre d'autres dont la marque de commerce est différente et même concurrente. De toute

Lancement d'une nouvelle entreprise	*Achat d'une franchise*
La mise de fonds initiale est importante.	Le franchiseur peut partager le fardeau initial d'une mise de fonds (immobilisations).
Les risques d'échec sont très élevés (sur une période de 10 ans, on observe 65 p. 100 de faillites).	Le franchiseur partage les risques et, de plus, il vend une formule commerciale qui a déjà fait ses preuves (sur une période de 10 ans, on observe moins de 10 p. 100 de faillites).
Une gestion adéquate dépend uniquement des compétences professionnelles de l'entrepreneur.	Le franchisé sans expérience jouit d'une formation en gestion pratique, parfaitement adaptée au type d'activité de l'entreprise et dispensée par le franchiseur.
L'entrepreneur est libre d'installer son commerce où bon lui semble.	À la suite de certaines contraintes légales, le franchiseur peut imposer au franchisé le site commercial de la franchise.
Diversification des sources d'approvisionnement. Par conséquent, niveau de dépendance moins élevé.	Nombre restreint de fournisseurs. Toutefois le franchisé jouit des économies d'échelle rendues possible par l'étendue du système.
Phase de démarrage longue et incertaine. Difficultés nombreuses dans les liquidités à court terme.	Le franchiseur garantit l'atteinte d'un seuil de rentabilité très rapidement.

évidence, le détaillant conserve son identification propre. Dans le contrat de franchise, il peut insister sur une clause garantissant l'exclusivité commerciale d'un territoire bien délimité.

b) *Franchise fabricant-distributeur*

Ce sous-groupe renferme toutes les particularités du précédent, avec l'exception notoire que le ou les produits faisant l'objet du contrat de franchise constituent la totalité ou (selon l'entente) la quasi-totalité des produits vendus par le franchisé. Les meilleurs représentants de ce sous-groupe sont les concessionnaires d'une marque d'automobiles qui ne distribuent, par exemple, que des voitures de marque Ford, G.M. ou Chrysler.

c) *Franchise grossiste-détaillant*

Cette relation est semblable aux deux premières à l'exception que le franchiseur n'est pas un fabricant mais un grossiste. Ce dernier sera en mesure d'offrir à ses franchisés une gamme complète de produits. L'exemple par excellence est la relation d'affaires qui lie la chaîne d'alimentation IGA à un grossiste en alimentation, Hudon et Daudelin Inc., par exemple.

d) *Franchises industrielles*

Plutôt restreints et spécialisés, les intérêts économiques de ce dernier sous-groupe dépassent les frontières nationales. En bref, il s'agit d'un contrat entre un manufacturier d'un ou de plusieurs produits et un sous-manufacturier à l'étranger. Le franchiseur accorde au franchisé outre-frontière le droit exclusif de fabriquer, de vendre et de distribuer le ou les produits en question sur son territoire. De plus, il s'engage à fournir l'assistance technique requise lors de la mise en branle de l'entreprise. Parfois, de part et d'autre, il faut inclure une clause de non-ingérence dans les marchés respectifs.

1.4.2 *Les franchises de marques de commerce*

Dans ce cas, le franchiseur ne fabrique pas et ne distribue pas le ou les produits concernés. Il opère plutôt selon une formule qui accorde à des franchisés le droit d'utiliser certaines marques connues qui sont la propriété exclusive du franchiseur. Par conséquent, le franchisé peut apposer sur des produits qu'il fabrique lui-même la marque de commerce du franchiseur. Ceci, bien sûr, en échange de redevances souvent très élevées.

Il existe deux sous-groupes, à savoir:

a) *La franchise entre détenteur de marque et fabricant*

Le plus illustre exemple de ce type de franchise nous vient du secteur des vêtements. En effet, plusieurs grands couturiers concluent avec des fabricants outre-mer des accords pour que ces derniers fabriquent et commercialisent les vêtements portant leur nom (Yves St-Laurent, Pierre Cardin).

b) *La franchise d'identification commune*

À la base, ce sous-groupe consiste en une union de marchands indépendants qui se regroupent afin d'optimiser les voies d'approvisionnement et de mise en marché. L'accord entre ces marchands constitués en regroupement n'est pas en soi un contrat de franchise. Mais, une fois lancé, si le regroupement décide de développer une ou plusieurs marques de commerce pour les fins d'une identification commune de ses membres, il conclura alors avec ses membres une entente leur permettant d'utiliser leurs marques. Exemple: les marchands Rona ont un accord avec leurs chaînes volontaires concernant l'utilisation des marques Rona, Rénovateur, Botanix ou Podium. Dans ce cas-ci, le genre d'accord possède les caractéristiques d'une franchise.

1.4.3 Les franchises d'exploitation

Ce groupe est, sans le moindre doute, le type de franchise le plus populaire. Du début à la fin, le franchiseur demeure solidement à la tête de chaque franchise.

La forme et les modalités de l'exploitation sont régies par le contrat qui lie le franchisé au franchiseur. Ce dernier impose au franchisé de strictes conditions. En effet, le franchisé accepte de vendre le ou les produits selon un système préétabli et un plan d'organisation proposé par le franchiseur.

Contrairement aux deux autres groupes, ce type de franchise implique l'intégration totale des fonctions commerciales sous la férule du franchiseur. D'ailleurs, le franchisé adopte et éprouve la marque de commerce et la raison sociale du franchiseur.

L'exemple le plus patent de ce genre d'activité est l'essor foudroyant des restaurants McDonald.

Tableau 1.2 Secteurs importants de l'industrie du franchisage[1]

Secteur	1976 Canada		1976 Québec et Ontario		1981 Canada		1981 Québec et Ontario	
	établis.	000 $	établis.	000 $	établis.	000 $	établis.	000 $
Magasins de détail	1 556	820 196	919(1)	537 200(1)	3 299	2 394 721	2 044(1)	1 648 467(1)
Magasins de disques, produits audio, ordinateurs et produits vidéo	443	78 398	289	45 898	847	311 319	570	220 127
Pharmacies et magasins de vêtements	1 113	741 798	630	491 302	2 452	2 083 402	1 474	1 428 340
Boulangeries	66	5 562	10(2)	440(2)	351	72 791	32(2)	2 755
Dépanneurs et épiceries	1 381	362 786	1 091	275 059	1 940	767 416	1 455	514 346
Construction, restauration de maisons et services de nettoyage et d'entretien	1 613	719 803	133(2)	42 820(2)	2 985	1 532 164	255(2)	106 605(2)
Hôtels, motels et terrains de camping	481	480 974	43(2)	77 438(2)	535	851 613	48(2)	102 880(2)
Services aux entreprises(3)	261	391 552	113	19 399	2 314	10 732 677	1 151	3 845 156
Services divers aux entreprises(4)	861	105 447	167(2)	24 169(2)	1 886	441 796	304(2)	43 449(2)
Produits et services d'automobiles	1 239	1 188 494	263(2)	201 765(2)	2 757	2 928 561	582(2)	483 194(2)
Restaurants familiaux	2 739	800 844	366(2)	108 335(2)	5 045	2 349 121	715(2)	420 270(2)
Restaurants familiaux dont la spécialité est le hamburger	600	315 570	115(2)	49 165(2)	892	878 889	178(2)	172 750(2)

24

Restaurants familiaux dont la spécialité est le poulet	838	243 661	480	143 664	1 370	665 009	766	416 982
Restaurants familiaux dont la spécialité est la pizza et les sous-marins	456	61 529	263	35 482	1 171	252 426	626	117 053
Tous les autres restaurants et comptoirs de crème glacée	845	180 084	90(2)	15 147(2)	1 612	552 797	153(2)	39 934(2)
Embouteilleurs de boissons gazeuses, stations-service et concessionnaires d'automobiles								
	27 161	15 237 654	6 043(2)	3 771 632(2)	24 622	24 705 729	6 089(2)	5 670 875(2)

(1) Incluant: magasins de disques, produits audio, ordinateurs et produits vidéo; pharmacies et magasins de vêtements. Excluant: boulangeries, dépanneurs et épiceries.

(2) Le Québec seulement.

(3) Incluant: agences immobilières, bureaux de placement, services d'impression et de photocopies, services de préparation de déclarations d'impôts et produits éducatifs.

(4) Incluant: agences de voyages, location, blanchissage et nettoyage à sec et services divers.

1 *Guide du franchisage*, Levasseur et Associés, 1983, ch. 1, p. 6.

1.5 Les facteurs prédominants de la réussite d'une franchise

- L'étendue potentielle du marché exploité.
- La concurrence au sein du secteur développé.
- L'originalité du concept et de la formule.
- Les besoins réels des consommateurs pour les produits/services offerts.
- La différenciation des produits/services par différentes marques de commerce.
- La notoriété et la crédibilité de la formule auprès de la population.
- La stabilité de la structure financière de la société-mère et son plan de financement.
- La recherche et le développement.
- L'expansion planifiée du réseau.
- Le cycle de vie des produits développés.
- La fiabilité des sources d'approvisionnement.
- L'importance du *pool* de publicité nationale.
- L'efficacité du système de communication et la qualité des rapports entre le franchiseur et les franchisés.
- La rentabilité financière de chaque franchise.

1.6 Les avantages et les désavantages du franchisage

AVANTAGES

Il existe un grand nombre *d'avantages* dans le fait d'opter pour un système de franchisage, car le franchisé y bénéficie des efforts déployés par un franchiseur ayant mis sur pied une formule caractéristique, reconnue et appréciée par une clientèle avertie.

Le franchiseur transmet au franchisé son *savoir-faire*, sa *formule d'affaires* déjà éprouvée, ses *techniques et ses méthodes* d'exploitation, sa *notoriété*, sa *réputation*, sa *crédibilité*, ce qui entraîne que ce dernier n'a pas besoin de se bâtir une clientèle mais une partie de celle-ci. Ceci diminue le risque commercial et financier et permet au franchisé de bénéficier plus facilement de plans de financement.

Le franchisé acquiert un *établissement «clés en main»*, ce qui a pour effet de diminuer son investissement initial (par rapport à l'achat ou au lancement d'une entreprise) et de lui permettre d'exploiter son commerce à un coût moindre.

Le franchisé bénéficie à moindre coût par l'entremise du franchiseur des services d'une *équipe de conseillers* pour la réussite de ses affaires, de programmes de *services*, de programmes de *commercialisation*, de programmes de *recherche et développement* pour les nouveaux produits et de programmes de *formation professionnelle* en vue d'une gestion saine et efficace.

Les franchisés d'un même réseau doivent, dans la plupart des cas, s'approvisionner auprès d'un même fournisseur (le franchiseur ou un représentant désigné par celui-ci), profitant ainsi *d'économies d'échelle* appréciables.

Le franchisé jouit d'une *publicité nationale* qui a déjà été faite par le franchiseur.

Le franchisé profite en général d'une *exclusivité territoriale*; le franchiseur ne pourra céder dans le même territoire une autre franchise, ce qui limite les effets de la concurrence.

DÉSAVANTAGES

D'autre part, on remarque que les *désavantages* du franchisage proviennent des nombreuses contraintes imposées par le franchiseur auxquelles le franchisé doit se plier.

La *rigidité du contrat* liant les deux parties fait en sorte que le franchisé possède *peu d'autonomie et de flexibilité* dans ses activités de gestion. Il voit également toute *possibilité* de *croissance limitée*, puisque le franchiseur impose une discipline sévère et que, finalement, il dirige les destinées du système et du réseau. La *créativité et l'initiative sont également limitées* et le franchisé n'est jamais associé à l'idée de prestige que l'on se fait du réseau. Inversement, le franchisé est *victime des effets néfastes d'une baisse de la réputation* du franchiseur ou de *l'incompétence des autres franchisés*.

Le franchisé est obligé de verser au franchiseur une partie de ses profits (*redevances*).

Le franchiseur a souvent le contrôle sur le *choix de l'empla-*

cement du franchisé et le transfert de propriété de la franchise est difficile puisque le franchiseur s'autorise le *droit d'un premier refus*.

La majeure partie des *actifs* de la franchise appartiennent au franchiseur.

La *durée d'exploitation* de la franchise prévue au contrat est assez courte et les clauses de terminaison sont en général en faveur du franchiseur.

Le franchisé doit *s'approvisionner* selon les sources dictées par le franchiseur.

1.7 Les services offerts par le franchiseur

Généralement, le franchiseur, dans la convention de franchise, s'engage à fournir les services suivants:

*Services fournis lors de l'ouverture
de l'établissement du franchisé*
- Choix et/ou promotion du site commercial.
- Programme de formation pour le franchisé et, dans certains cas, pour ses employés.
- Remise des procédures d'opération et d'exploitation dans les domaines des finances, du personnel, de la mise en marché et de l'approvisionnement.
- Local propre et prêt à être utilisé.
- Aide pour l'entreposage du premier inventaire.
- Dispositions prises en vue de la publicité relative à l'ouverture prochaine de l'établissement.
- Présence d'un représentant du franchiseur pour les premiers temps d'exploitation.
- Aide pour le recrutement et la sélection du personnel.

Services continus
- Maintien d'une relation-conseil à tous les niveaux.
- Remise d'un manuel d'instruction contenant les spécifications, procédures, techniques et standard à respecter.

- Préparation des normes, des définitions, des logos, des slogans, des marques de commerce, des jeux de couleurs et des autres éléments de publicité et de promotion identifiant le système.

Chapitre II

Le contrat de franchise

2.1 Les actifs incorporels

    2.1.1   Définition d'un actif incorporel

    2.1.2   Protéger ses actifs incorporels, c'est important

    2.1.3   Comment protéger ses actifs incorporels

        2.1.3.1 Loi sur les marques de commerce

        2.1.3.2 Loi sur le droit d'auteur

        2.1.3.3 Loi sur les dessins industriels

        2.1.3.4 Loi sur les brevets

        2.1.3.5 Secrets de commerce

2.2 Le contrat de franchise

    2.2.1   Une étape décisive

    2.2.2   Le caractère juridique du contrat

    2.2.3   Les clauses de principe

    2.2.4   Les stipulations de non-garantie

    2.2.5   Les droits concédés au franchisé

    2.2.6   Le territoire garanti

    2.2.7   La durée de la franchise

    2.2.8   Les engagements du franchisé

    2.2.9   Les systèmes d'enregistrement et l'inspection

    2.2.10 Les droits particuliers du franchiseur

    2.2.11 Les droits brevetés

    2.2.12 Le respect de la confidentialité et les clauses de
non-concurrence

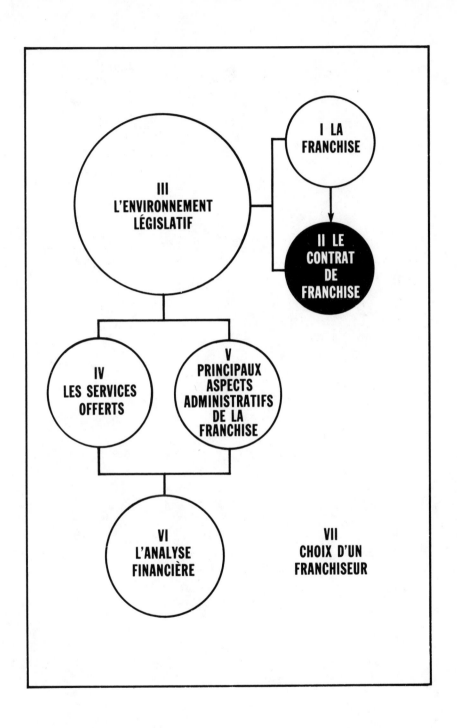

Qui oblige, s'oblige.

N. Roqueplan, *Nouvelles à la main.*

Ce chapitre vise à faire connaître l'aspect juridique du franchisage. Il ne prétend en aucun cas vous permettre, à moins que vous n'ayez les qualifications nécessaires, de rédiger ou d'interpréter correctement un contrat de franchise. En fait, dans un contexte de négociation réelle, le recours à des experts juridiques initiés à ce genre de transaction vous est fortement recommandé.

Ceci d'autant plus que la législation québécoise régissant actuellement le franchisage est un terrain encore passablement inexploré, de nouvelles lois peuvent voir le jour d'un moment à l'autre et seuls les avocats en ont une connaissance adéquate.

2.1 Les actifs incorporels

2.1.1 Définition d'un actif incorporel

Comme l'indique si bien son nom, un actif incorporel est intangible. C'est une notion juridique qui cherche à borner les actifs immatériels d'une entreprise. Les actifs intangibles sont caractérisés par les logos, les sigles, l'achalandage, ainsi que certains droits distincts tels qu'une invention ou un texte authentique. Tandis que les biens tangibles peuvent être décrits comme étant les inventaires, l'équipement, etc.

Cette définition touche au coeur même du franchisage. En effet, la formule qu'acquiert le franchisé n'est rien d'autre qu'un actif incorporel. Ce n'est pas un bien concret et tangible comme le mobilier ou l'équipement. Au contraire, le franchisé obtient le droit d'opérer un établissement selon les méthodes, le savoir-faire et les marques conçues et protégées par le franchiseur.

Voici une liste d'actifs incorporels:
• marques de commerce;
• noms de commerce;
• logos, sigles et slogans;
• formules;
• manuels d'instructions et d'opérations;
• menus et emballages;
• inventions.

2.1.2 Protéger ses actifs incorporels, c'est important

Une formule de franchisage possède une valeur intrinsèque, bien qu'elle soit non tangible, et, comme tout autre objet de valeur, il faut la protéger efficacement.

La valeur de la formule croît avec l'ampleur de son impact commercial, de sorte que le prix de vente auprès des franchisés suit une évolution parallèle. Le franchiseur se devra d'être prompt, car seuls les diamants sont éternels. En effet, le succès et les profits aiguisent l'appétit des imitateurs. Il serait fâcheux et déplorable d'avoir investi autant d'argent pour ensuite se faire couper l'herbe sous le pied par une bonne imitation.

Dans ce domaine, il faudra agir vite et correctement. Pour bien défendre le fort, il faut s'armer jusqu'aux dents, c'est-à-dire obtenir le maximum de protection juridique. Une défense juridique hermétique, qui couvre tous les éléments incorporels cités plus haut, découragera les imitateurs en puissance.

Figure 2.1 Les actifs incorporels

noms et
marques de
commerce

Centraide

YvesSaintLaurent

provigo

logos, sigles
et slogans

On s'en lèche
les babines!

menus et
emballages

37

2.1.3 Comment protéger ses actifs incorporels

2.1.3.1 Loi sur les marques de commerce

Cette loi fédérale a pour principal but de protéger les marques et noms de commerce. On entend par cela, une marque, un nom, un logo, un symbole, un emballage, une étiquette ou tout autre moyen servant à l'identification d'un produit, d'un service offert par une entreprise ou une personne.

Le rôle primordial de la marque de commerce est d'identifier clairement l'origine des biens et services destinés aux consommateurs. Le dispositif juridique comporte deux objectifs précis:

- Premièrement, la marque de commerce doit permettre, sans la moindre confusion, l'identification correcte de la source des biens et services.
- Deuxièmement, cette identification vise à éliminer la concurrence déloyale découlant de l'emploi d'une autre marque presque identique.

Le droit exclusif à une marque de commerce s'acquiert *de facto* lorsque celle-ci pénètre avec succès le marché de consommation, et y demeure pendant une période de temps assez longue pour donner la chance aux consommateurs de reconnaître et de différencier le produit en question par la marque de commerce qui lui est apposée.

Ainsi, il semble que l'enregistrement de sa marque de commerce ne soit pas une condition nécessaire pour obtenir une protection juridique. Toutefois, le système de franchisage soulève une nuance très particulière: n'oublions surtout pas que le franchiseur accorde à d'autres entreprises le droit d'utiliser sa marque de commerce et que, aux yeux de la Loi, il risque de perdre à tout jamais le caractère distinct et original d'identification de son entreprise. Par conséquent, la société franchise n'a aucune autre alternative que d'enregistrer sa marque de commerce, ainsi que les franchisés subséquents qui en feront usage.

Cette démarche est vitale pour l'avenir de la franchise. À présent, le franchiseur peut se considérer inexpugnable, tous ses flancs sont protégés. En cas d'imitation ou de contestation de l'originalité de la marque, l'enregistrement déclenchera automatiquement les représailles juridiques.

2.1.3.2 Loi sur le droit d'auteur

De toutes les lois pouvant protéger les actifs incorporels d'une entreprise, celle-ci est la moins répandue, sans doute parce qu'elle est mal comprise. Le droit d'auteur n'est pas uniquement l'apanage du milieu artistique. Dans un réseau de franchise, cette loi défendra fort bien tout actif incorporel écrit, tels que les manuels d'opération ou d'instructions, les menus, les listes et certaines formules précises.

D'après les lois régissant la propriété intellectuelle, le droit d'auteur protège toute oeuvre littéraire et accorde à l'auteur les pleins droits pour disposer librement de son oeuvre.

Pour avoir recours à cette protection juridique, l'oeuvre littéraire, qui englobe toute oeuvre écrite, doit répondre à deux conditions. Premièrement, il faut que l'auteur réside au Canada et détienne la citoyenneté canadienne; deuxièmement, l'oeuvre doit absolument être originale, par cela, on entend qu'elle soit beaucoup plus qu'une simple copie ou reproduction, sous toute autre forme, d'une oeuvre existante.

Par conséquent, cette loi peut très bien servir à la protection d'une nouvelle formule de franchise ou à tout autre texte pertinent essentiel à la survie du système de franchisage.

2.1.3.3 Loi sur les dessins industriels

Cette loi s'applique aux caractéristiques particulières qui différencient un nouveau produit par sa forme, son ornementation ou sa configuration générale. Ces éléments sont jugés sur la base de leur apparence visuelle et non seulement d'après leurs nouvelles particularités fonctionnelles. En fait, cette loi relève de l'innovation dans le design, comme, par exemple, une nouvelle couleur, un nouveau motif ou un nouvel agencement des deux sur un tissu, une tapisserie, une tuile ou un tapis; une forme dernier cri pour le mobilier, l'argenterie, la bijouterie, les chaussures, etc.

Pour tous ces produits et pour bien d'autres, la loi ne laisse planer aucun doute sur l'originalité du dessin. Ce dernier doit absolument se distinguer des autres produits du genre et adopter une apparence distincte et individuelle.

N.B.: Contrairement aux lois précédentes, celle-ci n'est effective que lorsque l'innovateur enregistre son design dans un délai d'un an à partir de la date de sa mise en marché.

2.1.3.4 Loi sur les brevets

Cette loi est très pertinente au système de franchise. En effet, la société songera à protéger une nouvelle méthode d'emballage permettant de mieux conserver les aliments; un équipement ou une machine très poussée qui permet des gains productifs et améliore la qualité du produit, etc.

Dans tous ces cas, il s'agit bien d'une invention. Toutefois, la définition juridique est assez restrictive. La loi considère qu'une invention est un équipement, un procédé ou une composition de matières particulières provenant du «génie inventif», c'est-à-dire qu'elle marque indéniablement un bond vers l'avant compte tenu des connaissances et du savoir présent. L'originalité de l'invention sous-entend bien sûr qu'elle ne soit pas connue antérieurement, en plus de présenter une utilité incontestable pour la société, sous forme de nouveau produit, qu'il soit meilleur, moins dispendieux ou rendant un avantage perceptible.

La loi sur les brevets protège l'inventeur seulement s'il parvient à enregistrer son invention dans un délai précis de deux ans à compter de son dévoilement, faute de quoi il perd à tout jamais ses droits sur l'invention.

2.1.3.5 Secrets de commerce

Le processus juridique relatif aux secrets de commerce ne possède pas un code précis en ce qui concerne la protection des actifs incorporels. Toutefois, il se fonde sur les ordonnances générales du droit commun et civil. Ce groupe de lois constitue l'unique recours pour un franchiseur qui tient à protéger ses actifs incorporels, mais qui ne peut pas invoquer la loi sur les brevets. Cette situation risque de survenir si les actifs en question ne répondent pas aux critères généraux d'admission, ou si le franchiseur considère que l'enregistrement d'une invention pourrait nuire plus qu'autre chose, car, ne l'oublions pas, enregistrer une invention signifie la décrire et l'expliquer de long en large.

Alors, si le franchiseur accorde une importance particulière à certains de ses actifs, il pourra se protéger derrière le bouclier juridique qu'est le secret de commerce. Pour bien mettre en place le dispositif de protection, le franchiseur devra contrôler les allées et venues du département d'administration et déployer des systèmes d'autodéfense sur le front juridico-technique.

i) *sur le plan administratif*

Il faudra structurer la division du travail de manière à ce que le moins d'employés possible aient connaissance de l'ensemble du secret ou de la formule.

ii) *sur le plan technique*

Pour éviter les fuites d'informations stratégiques sur le secret ou la formule d'un produit, le franchiseur pourra coder ces différents éléments tout en faisant bien attention de défendre farouchement le calibrage des matières et composantes entrant dans le produit. Une mesure supplémentaire consistera à éviter les étiquettes pouvant identifier les ingrédients du produit.

iii) *sur le plan juridique*

Bien souvent, le franchiseur sera contraint de faire signer à tous les employés, franchisés et autres personnes ayant un contact plus ou moins direct avec la société, une série de conventions garantissant la non-divulgation du secret sous peine de poursuites judiciaires.

2.2 Le contrat de franchise

2.2.1 *Une étape décisive*

De loin, le contrat à lui seul constitue l'élément le plus vital d'une franchise, car tout l'édifice repose sur ses assises. Pour cette raison, ce n'est pas quelque chose à prendre à la légère.

Dans la grande majorité des cas, le contrat de franchise émane entièrement du franchiseur, car il décrit en termes juridiques sa formule. L'importance du geste fait vite ressortir sa fragilité, il faut absolument que le résumé du document reflète parfaitement la volonté et la formule du franchiseur, sinon on risquerait de créer des situations ou des engagements réciproques inattendus.

Lorsque, en tant que franchisé, vous aurez votre copie du contrat pour examiner son contenu avant la signature, vous devrez vous rappeler que celui-ci n'est pas sujet à négociation de manière globale.

En effet, le contrat incarne la formule de franchise; toute modification importante affecterait irrémédiablement la dynamique du système. Par contre, le franchisé pourra obtenir gain de cause sur quelques clauses mineures.

De toute évidence, le franchisé possède une option face à l'attitude du tout ou rien du franchiseur. Avec l'appui de son conseiller juridique, il sera en mesure de comprendre clairement la portée de chaque engagement, ses implications juridiques ainsi que les points de litige et les clauses susceptibles de déboucher sur un compromis.

Parallèlement à l'examen du contrat, vous devrez lire attentivement le contenu du manuel d'exploitation car un bon nombre de dispositions contractuelles contraignent le signataire à respecter ces directives.

2.2.2 Le caractère juridique du contrat

L'authenticité et la validité d'un contrat de franchise doit respecter les conditions suivantes:

1. La loi exige que le contrat intervienne entre deux parties capables de contracter, dans notre cas, le franchiseur d'une part, et le franchisé d'autre part. La capacité juridique de contracter en solo est absente pour les mineurs, certaines compagnies et d'autres interdits.

2. Un contrat perd sa validité si l'une des deux parties n'a pas donné son consentement valable. À ce sujet, la loi est vague et plutôt floue; quoi qu'il en soit, généralement un consentement est défini comme étant «l'accord de la volonté de deux parties sur un objet défini». Sur cette lancée, nous débordons dans la sphère de nullité de con-

trats. On compte quatre raisons majeures pour qu'un contrat soit déclaré nul:

a) *L'aberration mentale*

Si un contrat est signé par une personne jugée au sens médical et juridique comme souffrant d'incapacité mentale, ou dont les facultés sont sérieusement amoindries momentanément pour cause d'ébriété ou de tout autre accident qui risquerait d'affecter ses pouvoirs de compréhension, alors le contrat en question ne peut pas être considéré comme légal.

b) *La violence*

Cette cause d'annulation se matérialise de plusieurs façons et est, par sa nature, difficile à plaider devant les tribunaux. Toutefois, la loi considère que, si une forme de violence quelconque est exercée sur l'une des deux parties de manière à l'intimider et à la forcer à signer sous la pression de menaces directes et catégoriques, alors cette partie n'a pas donné un consentement valable et le contrat est par conséquent invalidé.

c) *La fraude*

Le Code civil définit la fraude ou la «fausse représentation» comme les agissements exercés par l'une des parties ou par une tierce personne connaissant l'une des deux parties et qui la persuade de remplir le contrat alors que cette même partie ne l'aurait jamais fait, n'eût été des fausses représentations.

Pour obtenir une annulation de contrat à cause d'une fraude, il faut prouver sans équivoque que le signataire n'aurait pas agréé à la convention si la fraude n'avait pas eu lieu.

Quoiqu'il existe, de nos jours, certaines clauses dans un contrat de franchisage qui évitent ce genre d'embarras au franchiseur, le fait de le signer ne signifie absolument pas que le franchisé ne peut, en dernière instance, poursuivre la société de franchisage pour des actes ou des gestes de nature frauduleuse.

d) *L'erreur*

Aux yeux de la loi, une erreur qui pourrait entraîner l'annulation d'un contrat porte sur l'essence même du consentement. Par exemple, si une personne signe un contrat de franchise croyant signer un bail, il y a erreur.

Toutefois, si on considère que le contrat de franchisage est clairement reconnu comme tel, cela laisse peu de place à l'erreur due à la confusion. Le seul cas envisageable est celui d'une personne analphabète ou d'un étranger qui ne comprend pas la langue dans laquelle la convention est écrite.

3. Absence de formalisme. Au Québec, la loi ne dicte aucune forme précise pour un contrat de franchisage. Si on pousse ce laxisme au maximum, il serait possible de concevoir la légalité d'un contrat de franchisage verbal. Ne prenez pas cet exemple pour un conseil, loin de là. Cette imprudence peut coûter extrêmement cher. La complexité des relations entre les deux parties résulte souvent en un contrat touffu et détaillé. Peu importe le volume, ce dernier sera du début à la fin rédigé clairement en évitant le plus possible toute ambiguïté, car les tribunaux, dans ces situations délicates, interprètent généralement en faveur du franchisé.

2.2.3 Les clauses de principe

Ces clauses se retrouvent généralement dans les premières pages de la convention. Elles servent de toile de fond pour expliquer la nature du contrat. Voici ce qu'elles mentionnent:

- le domaine ou l'industrie;
- le désir d'appartenance;
- les reconnaissances et le respect de la formule et des standard d'opération;
- le désir de conclure le contrat.

À ce stade, il est important de noter que le franchisé reconnaît la valeur du système et qu'il libère de toute responsabilité le franchiseur quant à la performance de l'établissement. En termes concrets, cela veut dire que le franchisé livre le destin de son entreprise au franchiseur. Il faut lui faire confiance. Pour se fier corps et âme à un fournisseur, la seule assurance de succès est celle que la société peut vous offrir en terme d'expérience. Plus elle est connue, plus grandes sont vos chances individuelles de succès!

2.2.4 Les stipulations de non-garantie

Habituellement, ces stipulations sont adjointes aux clauses de principe, quoique, parfois, elles puissent se trouver à la fin de la convention.

On dénombre deux formes majeures de stipulations de non-garantie:

1. La non-garantie des profits: Une telle clause dégage le franchiseur de toute responsabilité sur les projections de chiffre d'affaires et de profits. En somme, le franchiseur estime qu'il n'est pas tenu de garantir la réussite d'une franchise. Par conséquent, l'échec est possible, et la faute retombera uniquement sur les épaules du franchisé.
2. La garantie contre l'annulation de contrat pour fausse représentation. Dans un tel cas, le franchisé ferait bien de vérifier si les garanties ou promesses lancées par le franchiseur sont bel et bien incluses dans la convention, et ce, jusqu'à preuve du contraire.

2.2.5 Les droits concédés au franchisé

Ces droits sont d'une nature très précise. Il s'agit avant tout de l'octroi par le franchiseur de tous les droits d'opération sous sa formule de franchise. Par cela, le franchisé jouit de l'accès juridique aux marques de commerce, logos, symboles, etc.

Les droits du franchisé sont loin d'être illimités. En effet, le franchiseur impose certaines restrictions: l'interdiction de vendre ailleurs que dans son établissement, de vendre en gros ou de fournir des non-franchisés.

2.2.6 Le territoire garanti

Cette clause vitale est l'une des rares clauses que le franchisé peut contester et soumettre à la négociation.

Le principe central de cette clause est que le franchiseur garantit au franchisé un marché minimum exclusif. De toute évidence, le franchiseur s'engage à ne pas accorder une autre franchise dans le territoire délimité par la convention. Ceci concerne aussi l'ouverture d'une franchise corporative.

La première partie de cette clause prévoit la localisation précise de l'établissement. Parfois, à force d'insister, le franchisé peut obtenir une sous-clause prévoyant l'éventualité d'un déménagement. À ce stade, il est souhaitable que l'emplacement soit longuement analysé par les deux parties. Toute décision finale doit se fonder sur une étude approfondie du site.

La deuxième partie de cette clause traite de l'exclusivité proprement dite du territoire. On compte ici trois catégories principales de clauses de rayonnement.

1. *L'absence d'une clause de rayonnement*

   Une convention dépourvue de clause de rayonnement laisse la porte grande ouverte au franchiseur pour une expansion future dans votre secteur. Cette situation est inacceptable. Il faut absolument insister sur l'inclusion d'une telle clause. Si le franchiseur refuse ou vous donne sa parole en jurant sur les cendres de sa mère, méfiez-vous, elle est peut-être toujours en vie!

2. *La clause obscure*

   Parfois, le franchiseur vous chantera un beau refrain, disant que vous jouissez d'une protection unique, etc. N'oubliez pas le vieux proverbe: «L'air ne fait pas la chanson». Toute clause nébuleuse devra être discutée à fond avec le franchiseur et le résultat de ces discussions devra faire l'objet d'un amendement au contrat.

   Par exemple, le franchiseur se réserve le droit d'ouvrir un maximum de cinq établissements franchisés dans la ville de Longueuil. Cette clause est tellement générale que, s'il le désire, le franchiseur peut ouvrir tous ces établissements dans un périmètre de 100 mètres du vôtre.

3. *La vraie clause de rayonnement*

   Dans une telle clause, la protection du franchisé sera presque totale car le franchiseur s'engagera à respecter la non-concurrence à l'intérieur d'un territoire bien précis. Il peut s'agir d'un quadrilatère dans une région fortement peuplée, ou d'une juridiction paroissiale, municipale ou électorale, etc. Peu importe la méthode de délimitation

utilisée, le fait demeure: le franchiseur s'engage clairement à respecter les clauses de rayonnement pertinentes.

2.2.7 La durée de la franchise

La convention doit préciser la durée effective du contrat.
Une mise en garde: le franchisé doit s'assurer que la durée du contrat est suffisamment longue pour lui permettre d'amortir tous ses
actifs à long terme, sinon tout espoir de profit est vain. Aupara-
vant, cette durée initiale était de dix à vingt ans. À présent, il n'est
pas rare de rencontrer des franchises de trois à cinq ans.

La plupart des conventions incorporent des options de
renouvellement pour des périodes qui sont généralement plus
courtes que la période initiale du contrat. Ces options sont sujet-
tes à certaines conditions:

a) un préavis qui doit être donné avant la date d'expiration
de la durée initiale;

b) le respect total des conditions du contrat pendant cette
même durée;

c) la modernisation complète du commerce;

d) le réajustement des redevances pour la période de renouvellement.

De plus, le franchisé prendra conscience du fait que la durée
initiale doit être inextricablement liée à la durée du bail. Ces deux
périodes doivent absolument coïncider, car la terminaison de
l'une entraîne automatiquement celle de l'autre.

2.2.8 Les engagements du franchisé

On ne répétera jamais assez que le futur franchisé doit bien
connaître les implications de ses engagements avant de signer
quelque entente que ce soit. Encore une fois, seul un conseiller
juridique qualifié dans le domaine saura vous renseigner adéqua-
tement.

2.2.9 Les systèmes d'enregistrement et l'inspection

Le franchiseur inclura dans le contrat l'obligation pour le franchisé de remplir assidûment les registres financiers et de soumettre fréquemment des rapports détaillés sur l'état des affaires.

Le franchisé fournira des rapports hebdomadaires sur le chiffre d'affaires. Douze fois par année, selon une formule comptable propre au franchiseur, il devra faire un état des revenus et des dépenses. De plus, le franchisé se voit contraint de présenter sur une base trimestrielle ou semestrielle des états financiers préparés et certifiés par un comptable indépendant. Souvent, c'est au moment de la remise du rapport hebdomadaire que le franchiseur perçoit ses redevances.

La formule du franchiseur prévoit habituellement plusieurs moyens efficaces pour vérifier ces rapports et états financiers:

1. Toutes les ventes sont enregistrées par une caisse scellée munie d'un «totaliseur» impossible à modifier sans l'intervention du franchiseur.
2. Le franchiseur se réserve le droit de vérifier sans préavis et à n'importe quel moment l'état des livres. La moindre variation, omission ou falsification des registres sera sévèrement pénalisée, et le franchisé devra de surcroît assumer les honoraires du vérificateur.
3. L'obligation formelle de conserver des copies de toutes les factures, de tous les reçus et coupons de caisse, de tous les rubans de caisse et autres documents se rapportant à la comptabilité, et ce, pendant le délai convenu dans le contrat.

Si un franchisé se croit plus rusé que son prochain, mieux vaut qu'il se ravise, car le franchiseur de toute manière entreprend des inspections périodiques qui peuvent devenir des expéditions punitives.

Ces rapports semblent une corvée. Toutefois, ils s'avéreront fort utiles au franchisé pour l'administration de son commerce.

2.2.10 Les droits particuliers du franchiseur

1. Le franchiseur se réserve le droit de corriger lui-même un

défaut. Le franchisé sera alors obligé de rembourser les frais de ces mesures correctives.

2. L'administration provisoire. En cas de défauts ou d'obstacles majeurs qui empêchent l'opération normale de la franchise, le franchiseur peut pendant une période indéterminée assumer l'administration de l'établissement. Bref, c'est une mise en tutelle.

3. Le retrait temporaire de la franchise.

4. La terminaison. En dernier recours, si le franchisé ne respecte pas ses engagements, il peut subir l'annulation du contrat.

2.2.11 Les droits brevetés

L'ensemble du dispositif juridique de ces clauses vise à garantir l'incontestabilité des droits brevetés du franchiseur. Vu leur importance cruciale, le contrat contiendra une série de clauses attestant l'authenticité des droits brevetés en désignant le franchiseur comme seul et unique propriétaire de ces droits.

La portée de ces diverses clauses est très vaste. En effet, le franchiseur a toute liberté de changer les droits brevetés et, de surcroît, le franchisé s'engage définitivement à dévoiler et à remettre au franchiseur la propriété de toute découverte qu'il pourrait faire dans son établissement.

2.2.12 Le respect de la confidentialité et les clauses de non-concurrence

À la terminaison du contrat, le franchisé aura acquis une expérience unique dans son domaine après y avoir travaillé depuis assez longtemps. L'évolution normale le mènera à ouvrir un établissement semblable où il pourra mettre à contribution ses capacités personnelles. Malheureusement, ce rêve pourrait s'effondrer si le franchisé n'avait pas, cinq ou dix ans plus tôt, bien étudié les clauses de non-concurrence. En effet, le franchiseur peut vous forcer à ne pas ouvrir de commerce concurrent après la terminaison de la convention, et ce, pendant une période assez longue.

Généralement, le franchisé doit se plier à cinq clauses de non-concurrence:

1. un engagement de non-concurrence proprement dit, pendant toute la durée de la convention en plus d'une période additionnelle après le contrat;
2. un engagement de non-détournement de la clientèle après le contrat;
3. un engagement d'inviolabilité du personnel existant;
4. un engagement de non-divulgation de l'information;
5. un engagement de non-rapatriement des documents reliés à l'exploitation de la franchise.

Toute violation de l'une de ces clauses pourrait entraîner des amendes très lourdes pour le franchisé.

Les tribunaux interprètent ces clauses à partir de l'article 13 du Code civil: «On ne peut déroger par des conventions particulières aux lois qui intéressent l'ordre public et les bonnes moeurs.» L'impact de cet article est très prévisible car le juge jouit d'une latitude sans précédent dans l'interprétation des conventions. Néanmoins, s'il considère que le contrat de franchise transgresse l'article 13, il le déclarera nul et non valide.

2.2.13 Le transfert

Le franchiseur se réserve aussi le dernier mot sur le transfert de propriété. Par conséquent, il inclura dans la convention une série de conditions que le franchisé devra honorer lorsqu'il transférera les titres de propriété:

1. L'acquéreur doit jouir d'une bonne réputation et faire preuve de compétence en affaires.
2. Il devra suivre des cours de formation et les réussir.
3. Il aura le respect total de la convention.
4. Il devra rembourser ses dettes avant le transfert.
5. Il devra assumer les coûts de vérification.

Toutefois, il faut noter que la plupart des franchiseurs se réservent le droit de se porter comme premier acquéreur éventuel. Si le propriétaire décédait ou se trouvait dans l'incapacité de poursuivre ses activités, le franchiseur accorderait un sursis de durée limitée, pendant lequel la succession du franchisé devrait proposer un remplaçant qui répondrait aux exigences énumérées précédemment.

2.2.14 Les assurances

Le contrat de franchise obligera le franchisé à se munir d'un nombre déterminé de polices d'assurance dans le but de se protéger contre les risques inhérents à l'opération.

Ici, comme partout ailleurs, la prudence est de rigueur. Vous feriez bien de consulter votre courtier personnel ou tout autre courtier indépendant afin de comparer les primes et l'étendue de la couverture.

2.2.15 La cessation du contrat et ses conséquences

Le futur franchisé devra accorder une attention très particulière à ce problème fondamental pour l'avenir de son statut de franchisé ainsi que pour son bien-être futur.

Voici ce à quoi on peut s'attendre:

a) Qu'est-ce qui peut causer une cessation de contrat?
- Tous les défauts majeurs, définis comme tels dans la convention, peuvent entraîner la cessation du contrat sans aucun préavis.
- Tous les défauts mineurs, définis comme tels dans la convention, occasionneront le même résultat s'ils n'ont pas été corrigés à l'intérieur d'un délai raisonnable.

b) Quelles sont les conséquences d'une cessation de contrat?
- Les dettes contractées par le franchisé sont remboursables sur-le-champ, sans moratoire.
- Le franchisé se voit immédiatement dépouillé de tous ses droits sur la formule.
- La remise inconditionnelle de tous les documents pertinents, y compris les codes de communication.
- La vente de tous les actifs portant des droits brevetés, à un prix convenu (amortissements).

2.2.16 Le problème de la juridiction

Ce problème se pose dans toute son acuité pour le franchiseur qui n'a pas son siège social dans la province de Québec.

Ainsi, ce dernier peut stipuler dans la convention qu'elle

tombe sous la juridiction d'un pays ou d'une province autre que le Québec. Mieux vaut prévenir que guérir; le franchisé devra, dans ce cas, analyser les implications, les effets et les jugements des tribunaux dans cette juridiction. C'est un problème très délicat qu'il faudra résoudre d'une manière ou d'une autre.

2.2.17 Les clauses générales

2.2.17.1 Les relations entre les parties

Vu les liens étroits qui lient le franchiseur au franchisé, cette clause cherche à clarifier la véritable nature des liens d'affaires. En effet, elle vise essentiellement à établir que les deux parties ne sont ni associées, ni employées, ni mandataires, et que les gestes posés par l'une n'affectent pas la seconde.

2.2.17.2 La clause des recours cumulatifs

Par voie de droits cumulatifs, le franchiseur s'assure de la possibilité de disposer de tous les recours inclus dans le contrat, en même temps. En somme, l'utilisation de l'un d'entre eux n'exclut pas un second.

2.2.17.3 Non-renonciation et amendements

Cette clause assure que toute pratique employée par l'une des deux parties qui s'écarte le moindrement du contenu de la convention ne pourra jamais être considérée comme un amendement au contrat et que, sans avis, l'une des deux parties pourra avec gain de cause, exiger que l'on se soumette de nouveau à la convention.

Si l'on veut apporter des amendements à la convention de franchise, il faudra s'entendre sur un protocole qui, par son respect, lèvera la confusion et authentifiera les véritables amendements.

2.2.17.4 Les avis

Cette clause met en branle un dispositif précis qui décrira le processus à suivre pour envoyer des avis. Ceci afin d'assurer que la personne à qui est adressé cet avis est en mesure de le recevoir. Ainsi, l'envoyeur doit conserver un double attestant la preuve de l'envoi. Il faudra donc prévoir les adresses correctes des correspondants, les modes d'envoi (1re classe ou autre) tout en considérant l'éventualité d'un retard, d'une avarie ou de l'égarement de cet avis.

2.2.17.5 Clauses indépendantes

Ces clauses sont un mécanisme de contrôle et de sécurité du contrat. Elles visent principalement à établir l'étanchéité entre chaque clause. Si l'une d'entre elles est déclarée non valide par un tribunal, les clauses indépendantes permettent au reste du contrat de demeurer en vigueur.

2.2.17.6 L'arbitrage

La lune de miel entre un franchiseur et un franchisé ne dure pas très longtemps, comme tous les autres couples, les querelles de ménage seront nombreuses. S'il fallait à chaque occasion s'adresser aux tribunaux, les frais judiciaires seraient exorbitants. La convention prévoira donc la mise sur pied d'un comité d'arbitrage qui tranchera les litiges quant à l'interprétation du contrat. Le comité sera composé de trois membres, deux nommés respectivement par le franchiseur et le franchisé, et le troisième l'étant conjointement.

La convention doit également confier certains pouvoirs au comité pour donner du poids aux décisions.

Le pouvoir judiciaire voit ces comités avec beaucoup de méfiance. Parfois, il est préférable pour un franchisé que ce type d'accord soit exclu de la convention.

2.2.17.7 Définitions des mots clés

Généralement, on les trouve soit au début, soit à la fin d'un contrat. L'ensemble peut être considéré comme un lexique des mots clés, avec la seule différence que ces définitions ont un impact considérable sur l'interprétation du contrat.

La lecture et la compréhension des clauses doit se faire à partir des définitions du contrat et non à partir d'autres définitions.

2.3 Les contrats connexes

Dans tous les contrats de franchise, il existe une section couramment appelée contrats connexes qui viennent s'y greffer. La relation contractuelle est un cadre global qui demande le respect et l'exécution de ces contrats.

2.3.1 Les garanties personnelles

La plupart des franchiseurs exigent l'inclusion de garanties personnelles de la part du franchisé, en particulier s'il forme une compagnie. Elles visent les actionnaires actifs et les administrateurs.

Dans l'éventualité où le franchisé emploie des actionnaires inactifs qui n'ont pas le droit de vote, ainsi que son conjoint ou des membres de sa famille, alors il sera possible de négocier un compromis pour ces personnes.

Toute personne joignant ses garanties personnelles à la convention est, à toutes fins utiles, tenue de respecter le contenu du contrat, et en dernière mesure, elle sera jugée responsable de toutes les dettes dues par le franchisé.

2.3.2 Voeu de non-concurrence par ses proches

Supposons que l'épouse ou un membre de la famille du franchisé ne signe pas le contrat de garantie personnelle, alors le franchiseur exigera sûrement qu'ils exécutent une convention de non-concurrence qui engage le signataire à ne pas ouvrir d'établissement concurrent.

2.3.3 Bail et sous-bail

Si le franchiseur est propriétaire ou locataire de l'emplacement où sera opéré l'établissement du franchisé, alors il devra présenter une copie conforme d'un bail ou d'un sous-bail qu'il faudra négocier.

En voici le contenu habituel:

1. Une garantie que le franchiseur est bel et bien le propriétaire et détenteur de tous les droits sur l'utilisation du local et que, dans le cas d'une terminaison, il peut en reprendre possession.
2. Le loyer sera perçu en fonction des coûts encourus pour les fins du local et d'un certain pourcentage du chiffre d'affaires.
3. Le loyer ne sera fonction que d'un certain pourcentage du chiffre d'affaires et viendra s'ajouter aux redevances, le tout payable simultanément à une date fixe.

Peu importe son contenu, le bail, ou le sous-bail, doit en tout temps, sans le moindre doute, être étroitement lié au contrat de franchise. Encore une fois, de manière à ce que la terminaison de l'un coïncide avec celle de l'autre.

2.3.4 *Vente ou bail d'équipement*

Ce contrat suivra à peu près la même forme que le bail ou le sous-bail de locaux, à une exception près, le loyer de l'équipement ne sera pas calculé à partir d'un pourcentage du chiffre d'affaires.

Tableau 2.1 Principaux points abordés dans une convention de franchise

Section 1: Considérations
Section 2: Définitions
Section 3: Franchise
Section 4: Territoire protégé
Section 5: Durée
Section 6: Services initiaux fournis par le franchiseur
Section 7: Services continus fournis par le franchiseur
Section 8: Dispositions financières
Section 9: Publicité
Section 10: Construction et entretien des établissements
Section 11: Formation et assistance technique
Section 12: Engagement du franchisé
Section 13: Les rapports et le système d'enregistrement financier
Section 14: Droits du franchiseur
Section 15: Droits brevetés
Section 16: Façons d'utiliser les marques de commerce
Section 17: Usager inscrit des marques de commerce
Section 18: Droits d'auteur du franchiseur
Section 19: Restrictions quant aux activités du franchiseur
Section 20: Transfert
Section 21: Assurances
Section 22: Terminaison
Section 23: Relation entre les parties
Section 24: Non-renonciation
Section 25: Gérant et employés
Section 26: Avis
Section 27: Responsabilité pour bris
Section 28: Clauses indépendantes
Section 29: Autres titres et documents
Section 30: Personnes liées par la convention
Section 31: Entité de la convention
Section 32: Lois applicables et district judiciaire
Section 33: Aucune garantie de résultat
Section 34: Dispositions finales

Annexe I

Possibilités de négociation

Bon nombre de clauses apparaissant dans les conventions de franchises et dans les manuels d'exploitation ne sont pas négociables et traitent de sujets sur lesquels le franchiseur ne voudra pas céder d'un pouce! Mais, comme dans toute chose, il existe des exceptions. Nous avons donc cru bon d'énumérer ici les principales dispositions qui pourraient faire l'objet d'une négociation.

a) *Représentations antérieures et projections*

La convention de franchise contient des dispositions faisant état que le franchisé reconnaît qu'aucune autre autre représentation ou garantie que celles apparaissant au contrat ne lui a été formulée.

Dans le cas où de telles représentations ont été transmises au franchisé, notamment par écrit, et que celui-ci les considère fondamentales dans sa prise de décision, elles devront apparaître au contrat (habituellement en annexe). Si le franchiseur refuse un tel amendement ou ajout, le franchisé pourra considérer ces représentations fondamentales comme nulles.

b) *Clause de prix compétitifs*

Dans tous les cas où le franchisé doit acquérir des biens du franchiseur ou de personnes choisies par le franchiseur, que ce soit au niveau des équipements, de certains biens requis pour l'exercice de son commerce ou des marchandises qu'il revend, on suggère fortement que le contrat contienne une clause de prix compétitifs, c'est-à-dire une clause par laquelle ces obligations du franchisé sont conditionnelles à ce que le franchisé puisse utiliser ou vendre ces marchandises à un prix compétitif tout en réalisant une marge de profit raisonnable.

c) *Clauses de non-concurrence*

Le franchisé devra bien en comprendre la portée et les conséquences.

La négociation pourra se faire en modifiant la clause de la durée de la convention ou en modifiant la clause portant sur le choix du site commercial. Il sera également possible de négocier quant au choix des personnes autres que le franchisé qui sont tenues d'exécuter une telle convention.

d) *Option de rachat*

Lorsque la convention de franchise prévoit que le franchiseur, à la terminaison ou à l'expiration de la convention, a le droit de racheter certains biens du franchisé, ou de reprendre possession de l'établissement, il faut faire attention au prix que le franchiseur devra payer.

Il s'agit de clauses qui peuvent être discutées et auxquelles il faut faire bien attention.

e) *Clauses de terminaison en faveur du franchisé*

Dans tous les contrats de franchise, il existe plusieurs clauses qui traitent de la possibilité par le franchiseur de mettre fin à la convention suite à tel ou tel défaut commis par le franchisé.

Par contre, il n'en existe pas qui permettent au franchisé de mettre fin à la convention suite à un problème provenant du franchiseur.

Dans le cas de grosses franchises, il vous sera quasi impossible d'insérer une telle clause, mais dans le cas de petites ou nouvelles franchises dont la formule n'a pas encore été éprouvée, vous pourrez le faire en invoquant des cas tels la faillite du franchiseur, son insolvabilité ou le non-respect d'autres clauses majeures prévues au contrat.

Mais attention! Si vous ajoutez de telles clauses de terminaison en votre faveur, prévoyez qu'après vous pourrez continuer à exploiter votre entreprise, et faites en sorte que les clauses de non-concurrence prévues au contrat, ainsi que celles relatives à l'option par le franchiseur de vous racheter vos actifs, ne se retournent pas contre vous.

f) *Avis et délais pour remédier à un défaut*

Il faut s'assurer que la convention de franchise prévoie des clauses concernant un avis et un délai pour remédier à un défaut par le franchisé avant que le franchiseur n'use des dispositions de terminaison de convention.

g) *Territoire exclusif et nature de la protection exclusive*

Assurez-vous que:

— la grandeur du territoire prévue est raisonnable;
— qu'il y a des clauses pour modifier cette grandeur le cas échéant;
— la protection exclusive s'applique autant aux établissements pouvant être mis en place par le franchiseur que par d'autres franchisés;
— la disposition d'exclusivité à l'intérieur du territoire couvre la vente de produits par d'autres types de détaillants n'opérant pas de concessions à l'intérieur du territoire.

h) *Clause de «raisonnabilité»*

Il s'agit d'une clause générale par laquelle les parties acceptent que toutes les autorisations et tous les gestes qui peuvent être posés par le franchiseur en vertu de la convention devront l'être de manière raisonnable, de façon à garantir un critère de bonne foi minimal aux relations entre les parties.

i) *Clauses nouvelles*

Outre ces clauses qui peuvent à la limite être négociées, le franchisé doit être avisé qu'il existe certaines clauses nouvelles qui commencent à se développer dans le milieu du franchisage et qui pourraient devenir de plus en plus fréquentes dans l'avenir.

Les trois principales seraient:

a) *Association de franchisés*

Certains contrats de franchise récents vont prévoir une clause concernant la création d'une association de franchisés dont le rôle serait d'un niveau consultatif auprès du franchiseur tant au niveau des normes de qualité qu'au niveau de l'administration du fonds de publicité et de la mise en marché des produits.

b) *Clause de rachat des obligations contractuelles*

Pour tenter de diminuer les coûts et les pertes de temps occasionnés par le départ volontaire ou involontaire d'un franchisé du réseau, certains franchiseurs ont commencé à élaborer des clauses de rachat des obligations contractuelles selon lesquelles l'une ou l'autre des parties peut mettre fin, en tout temps, à la convention de franchise en versant à l'autre partie un montant établi selon un mode de calcul apparaissant à la convention.

c) *Retrait provisoire*

Si un franchisé du réseau ne respecte plus les normes, plutôt que de mettre fin définitivement à la convention de franchise, le franchiseur peut retirer temporairement le droit au franchisé d'utiliser l'identification commune et les marques de commerce du franchiseur tout en lui permettant de continuer à exploiter son commerce. Quand le franchisé a remédié à la situation, le franchiseur lui recède les droits prévus à la convention.

Chapitre III

L'environnement législatif du franchisage

3.1 Vue d'ensemble

    3.1.1 La conjoncture législative

    3.1.2 La conjoncture judiciaire

3.2 La panoplie de législations régissant le franchisage

    3.2.1 Aperçu général

    3.2.2 Législations concernant la divulgation obligatoire de certaines informations

    3.2.3 Les législations concernant la protection du franchisé

    3.2.4 Les législations concernant les conflits d'intérêts

    3.2.5 Les législations par secteur d'activité

3.3 L'état actuel de la législation québécoise

3.4 Législation touchant le franchisage indirectement

    3.4.1 La Loi sur les coalitions

    3.4.2 La Loi sur la concurrence déloyale et les marques de commerce

    3.4.3 Aspects fiscaux particuliers au système de franchise

        3.4.3.1 Le droit initial de franchise

        3.4.3.2 Les sommes payées à un franchiseur étranger

3.5 Les mécanismes de résolution des conflits

    3.5.1 L'arbitrage

    3.5.2 Les recours du franchiseur

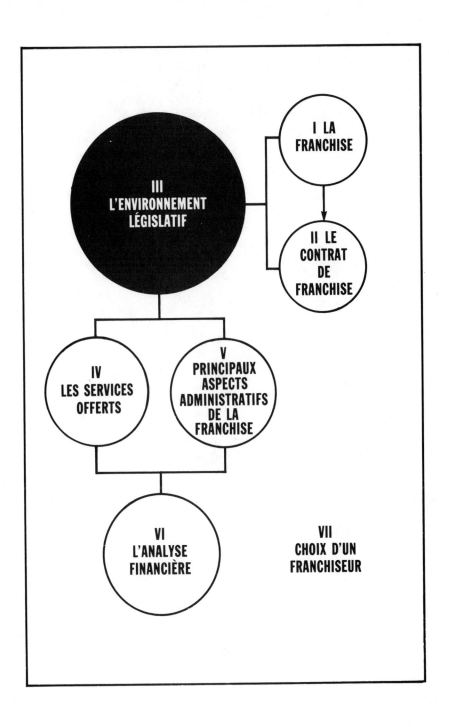

L'ordre social ne vient pas de la nature.
Il est fondé sur des conventions.

J.-J. Rousseau, *Le contrat social.*

Il y a à peine quinze ans, le secteur du franchisage était dépourvu de toute forme, si simple soit-elle, de réglementation législative.

Ainsi, son essor fougueux s'est accompagné, surtout aux États-Unis, d'une «flambée» sans précédent d'activités législatives. En effet, le secteur est surveillé par la Federal Trade Commission, et cette juridiction est remise en question par de nombreux États qui revendiquent un cadre législatif propre. Quatorze États se sont à ce jour affranchis de l'autorité fédérale.

3.1 Vue d'ensemble

3.1.1 La conjoncture législative

Au Québec, il fut déjà question d'instaurer une loi spécifique qui régirait le franchisage. Or, cette tentative se solda par un échec en 1983. De toute évidence, ce secteur en expansion de l'économie est laissé à lui-même.

En Ontario, la situation est à peu près semblable, quoique

certaines mesures ministérielles pointent dans la bonne direction.

La seule province à s'être dotée d'un tel système est l'Alberta, et ce, depuis 1972. Cette loi appelée le *Franchise Act* est fortement inspirée de l'exemple californien, et laisse peu de chance d'esquive au franchiseur. En effet, ce dernier se voit contraint de s'enregistrer auprès de la Commission des valeurs mobilières et d'y déposer un prospectus officiel dévoilant clairement tous les faits appropriés se rapportant de près ou de loin à sa franchise.

Aux États-Unis, ces législations sont accompagnées depuis 1979 d'un manuel de règles applicables à l'échelle du pays. Il s'agit du *Disclosure requirements and prohibitions concerning franchising and business opportunity ventures*, dans lequel on recommande *fortement* aux franchiseurs d'en respecter les règles.

Cet élan législatif qui a emporté la nation tout entière a malheureusement manqué de cohésion. Ainsi, les franchiseurs opèrent dans plusieurs États à la fois et doivent faire des pieds et des mains pour concilier d'innombrables lois, souvent divergentes. Le défi qui reste à relever est d'uniformiser tout le système.

3.1.2 La conjoncture judiciaire

L'absence au Québec de législation et de réglementation spécifique à l'industrie du franchisage ne veut pas dire que ce secteur évolue en marge de la loi.

Bien au contraire, les tribunaux québécois ont statué régulièrement à ce sujet, et la jurisprudence québécoise s'est enrichie de plusieurs verdicts sur les relations contractuelles du franchisage, qui sans être institutionnels, peuvent être néanmoins considérés comme des normes de conduite.

En attendant, les parties concernées pourront se servir de ces décisions comme guide pour la formulation des contrats de franchise.

3.2 La panoplie de législations régissant le franchisage

3.2.1 Aperçu général

Dans les premières lignes du présent chapitre, on a présenté les États-Unis comme étant l'initiateur de la réglementation du franchisage. Puisque ce système de loi n'existe pas au Québec, il est difficile de spéculer sur la forme éventuelle qu'il pourrait adopter. Toutefois, les chances sont grandes que la réglementation québécoise s'inspire largement de celle de nos voisins du sud.

En général, les législations concernant le secteur du franchisage touchent cinq points essentiels, à savoir:

a) l'obligation de dévoiler certaines informations à tout futur franchisé;

b) l'obligation pour tout franchiseur de s'enregistrer auprès d'un organisme spécialisé, et de respecter les nombreuses conditions qu'on lui impose;

c) la protection totale des franchisés tout au long de la relation contractuelle, à partir de la signature du contrat jusqu'à sa résiliation;

d) une série de conditions qui définissent les conflits d'intérêts potentiels dans lesquels le franchiseur peut se trouver;

e) le contrôle des autres activités particulières du franchiseur.

3.2.2 Législations concernant la divulgation obligatoire de certaines informations

Ce type de réglementation constitue la base de tout l'édifice législatif du franchisage. Sa création découle de la nécessité pour tout futur franchisé de prendre sa décision finale à la lumière de toutes les informations susceptibles de l'influencer.

Naturellement, les informations divulguées par le franchiseur, qui doit être de bonne foi, doivent être claires, précises et complètes.

Aux États-Unis, la Federal Trade Commission exige, dans un guide, la divulgation d'informations dans vingt catégories différentes:

1. l'identification légale du franchiseur;
2. l'expérience et les antécédents de l'équipe administrative;
3. une description exhaustive du passé en affaires du franchiseur;
4. une description complète des antécédents judiciaires du franchiseur: litiges commerciaux, poursuites criminelles, etc.;
5. l'historique des faillites ou de l'insolvabilité du franchiseur et de son équipe administrative;
6. la description de l'établissement franchisé;
7. la liste explicative des fonds initiaux devant être versés par le futur franchisé;
8. un énoncé des redevances payables régulièrement par le franchisé;
9. une liste des personnes avec lesquelles le franchisé devra, de près ou de loin, faire affaire;
10. une description des obligations d'achat de fournitures et d'équipements du franchisé;
11. la description des revenus provenant de ces mêmes ventes;
12. les disponibilités de financement offertes par le franchiseur;
13. la délimitation des restrictions de vente;
14. l'énoncé formel des engagements et de la participation personnelle du franchisé dans le commerce;
15. la description du dispositif contractuel relatif à la résiliation, à l'annulation et au non-renouvellement de la franchise;
16. la divulgation de toutes les statistiques pertinentes;
17. l'explication du mode et des critères de sélection des sites de la franchise;
18. la description du programme de formation;
19. toute information susceptible d'éclaircir le rôle des conseillers professionnels indépendants lors de la mise en marche de l'établissement;
20. les états financiers du franchiseur depuis les trois dernières années, si c'est possible.

Les autorités gouvernementales de certains États américains

et de la province de l'Alberta ont décidé d'étendre la couverture de protection jusqu'à l'enregistrement officiel du franchiseur. Communément, ce mécanisme d'enregistrement comprend deux parties:

i) le franchiseur est obligé d'enregistrer sa société auprès d'un organisme expressément créé pour la cause. L'obtention de l'enregistrement n'est pas automatique, le franchiseur se verra imposer une série de conditions qu'il devra remplir, à savoir, des critères de solvabilité, le respect d'un coefficient de réserve d'encaisse, le placement en fiducie des droits initiaux jusqu'à ce que toutes les conditions soient remplies;

ii) le franchiseur devra présenter l'information appelée à être remise aux franchisés auprès des autorités compétentes. On passera les documents au crible pour attester leur validité et pertinence. Le moindre détail fait l'objet d'une enquête approfondie, rien n'est laissé au hasard.

Quoiqu'aucune loi de ce type n'existe au Québec, il est tout de même possible de faire un rapprochement avec la *Loi sur les valeurs mobilières*, notamment la section qui régit l'émission publique d'actions.

Pour jeter un peu de lumière sur ce genre de législation, nous allons procéder à la description de vingt conditions auxquelles le franchiseur doit se plier pour obtenir son enregistrement des autorités albertaines. Elles font partie d'un ensemble global de sept exigences très rigoureuses.

Exigence n⁰ 1: L'enregistrement

Tout franchiseur est contraint, en vertu des articles 5 et 6 de la loi de l'Alberta, de s'enregistrer auprès de la Direction des franchises, une division autonome de la Commission des valeurs mobilières de l'Alberta.

Lors de cet enregistrement, le franchiseur est tenu de révéler sans retenue, les renseignements complets sur l'état de ses affaires. Il doit de surcroît présenter un prospectus qui respectera la forme proposée par la Direction et qui devra contenir les éléments suivants:

1. le nom du franchiseur et celui sous lequel il fait affaire, ainsi que le nom de toute personne associée qui sera directement ou indirectement engagée dans les affaires des futurs franchisés;
2. l'adresse principale de sa résidence et l'adresse du siège social du franchiseur;
3. la structure corporative de la société de franchise;
4. la description détaillée de l'expérience du franchiseur;
5. une copie pro forma du contrat de franchise qui sera utilisé;
6. un état complet des droits de franchise exigés par le franchiseur;
7. une description complète de l'investissement requis pour l'équipement et l'amélioration des locaux;
8. les conditions selon lesquelles il sera possible de résilier ou renouveler un contrat de vente et de rachat;
9. un exposé de la façon dont le franchisé peut disposer de son établissement lors d'un transfert;
10. une liste de tous les biens qui devront être acquis chez le franchiseur ou tout autre personne qu'il aura nommée;
11. une liste de tous les biens et services qu'il sera possible de se procurer ailleurs que dans le circuit convenu;
12. les limitations du franchisé dans l'exercice de son établissement: clientèle, vente, etc.;
13. la divulgation d'un contrat avec une tierce personne qui agirait comme fournisseur;
14. une description des arrangements financiers offerts par le franchiseur: l'étendue, les conditions, etc.;
15. un dossier sur les projections de vente de la future franchise, ainsi que la méthode utilisée;
16. une description des droits exclusifs découlant d'une garantie de territoire accordée à un futur franchisé;
17. les modalités de participation du futur franchisé dans une campagne promotionnelle;
18. un dossier faisant état des bénéfices réalisés sur les brevets;
19. un dossier sur la procédure employée par le franchiseur dans le passé lorsqu'un litige surgit avec un franchisé;

20. une liste des contributions offertes par le franchiseur: l'ampleur, la durée ou la fréquence, les coûts;
21. une liste de tous les franchisés en Alberta, ou la juridiction la plus rapprochée.

Exigence n⁰ 2: Le dépôt dans une société fiduciaire des sommes perçues sur le franchisé ou toutes sommes additionnelles

En vertu de l'article 19 de ladite loi, le directeur de l'organisme peut ordonner le séquestre et la mise en fiducie de tous les droits de franchise ou de toute autre somme devant être payée au franchiseur par les franchisés, et ce, sur réception d'une demande d'enregistrement ou du prospectus exigé. Toutefois, le franchiseur peut s'il le désire déposer une somme d'argent ou une garantie selon la forme demandée par le directeur.

Exigence n⁰ 3: L'enregistrement des vendeurs

Le franchiseur doit absolument mentionner dans son prospectus le nom des personnes qui forment son équipe de vente, c'est-à-dire qui sollicitent des futurs franchisés, faute de quoi ces mêmes personnes devront s'enregistrer auprès du directeur de l'organisme.

Exigence n⁰ 4: La divulgation

Tout franchiseur est contraint par la loi de dévoiler aux futurs franchisés les informations mentionnées dans le prospectus. Ceci afin de permettre aux franchisés de pouvoir se dégager d'un contrat de franchise même si ce dernier a été correctement exécuté, à la seule condition que le tout s'effectue à l'intérieur d'un délai convenu.

Exigence n⁰ 5: La place d'affaires et les livres

Tout franchiseur ayant son siège social et sa place d'affaires en Alberta devra maintenir un ensemble complet de livres comptables et de dossiers relatifs à son commerce.

Exigence n⁰ 6: La responsabilité civile et pénale

La moindre infraction ou omission ou le non-respect de la loi sera suivi d'une forte amende pour tout franchiseur pris en défaut.

Le franchisé qui aura fondé sa décision sur un prospectus jalonné de renseignements erronés ou fallacieux pourra automatiquement exiger l'annulation du contrat.

Exigence nº 7: Le renouvellement annuel de l'enregistrement

Sur une base annuelle, tout franchiseur devra renouveler les renseignements contenus dans le prospectus original dans le but de mettre à jour l'information.

3.2.3 Les législations concernant la protection du franchisé

En plus de l'arsenal législatif que nous venons de décrire, certains États américains prévoient des mesures particulières visant à protéger explicitement les franchisés.

Ces législations particulières déclareront illicites les pratiques suivantes du franchiseur:

1. la terminaison du contrat ou la menace d'y mettre fin sans motif jugé raisonnable et sans préavis;
2. le non-renouvellement du contrat sans raison jugée acceptable et/ou préavis qui respecte les conditions de la loi;
3. le non-rachat de certains éléments de la franchise lors de la terminaison de la convention.

Un certain nombre d'États surveillent les activités suivantes du franchiseur:

1. une conduite que la loi juge non fondée et injuste envers les franchisés;
2. l'infiltration pernicieuse ou détournée dans la mise sur pied d'une association revendiquée par les franchisés;
3. le refus de commercer avec certains franchisés;
4. toute discrimination, quelle qu'en soit la cause;
5. la violation de la garantie d'exclusivité du territoire du franchisé;
6. la limitation de poursuites judiciaires occasionnées par un bris de contrat;
7. tout transfert jugé injuste;

8. l'avenir de la franchise après le décès du propriétaire;
9. l'obligation de s'approvisionner auprès du franchiseur ou de fournisseurs imposés lorsque cette pratique est jugée injuste (prix trop élevés);
10. des clauses de non-concurrence inacceptables;
11. l'exécution d'un contrat pour une période inférieure à celle exigée par la loi;
12. toutes dispositions illicites concernant les contrats connexes;
13. la modification unilatérale ou sans raison valable d'un accord conclu;
14. toute intervention jugée indiscrète dans la gestion du commerce du franchisé;
15. la perception de droits publicitaires destinés à d'autres fins que celles dont il a été convenu, et toutes exigences considérées comme excessives pour ce domaine;
16. l'imposition unilatérale d'une convention d'arbitrage;
17. l'obligation du franchisé de payer des sommes d'argent, exception faite de celles dont il a été convenu dans le contrat et de celles permises par la loi.

3.2.4 Les législations concernant les conflits d'intérêts

Ce genre de législation fut conçue à l'origine pour riposter contre les ravages de l'embargo pétrolier des années soixante-dix. En effet, à cette époque, les pénuries d'essence étaient chroniques. Toutefois, les autorités se sont aperçues que les stations d'essence appartenant aux franchiseurs jouissaient de gros inventaires, tandis que les franchisés étaient presque à sec.

Pour remédier à cette situation, certains États ont interdit aux franchiseurs de posséder une pompe à essence dans un rayon d'action précis de l'un de leurs franchisés; les plus fraudeurs ont carrément éliminé les établissements franchisés.

Un développement juridique capital survint en février 1983 dans l'État du Maryland. Le *Franchise Divesture Act* s'attaquait de front aux problèmes délicats des conflits d'intérêts. Ce projet de loi, qui n'est pas encore adopté à cause de l'opposition acharnée du lobby des franchiseurs, vise essentiellement à prohiber l'exploitation d'un établissement franchisé par un franchiseur, que ce soit directement ou par l'entremise d'employés, d'une filiale ou d'une société de gestion.

Cette législation semble se profiler comme la vague législative de l'avenir et, si cette pratique se répand, elle risque de bouleverser les fondements mêmes de l'industrie du franchisage.

3.2.5 Les législations par secteur d'activité

Le dénombrement et l'analyse des législations sectorielles s'avéreraient un travail interminable; on se contentera donc de dire qu'il existe, dans un bon nombre de secteurs, des lois spécifiques qui les régissent, particulièrement dans les industries classifiées comme des services essentiels ou d'intérêt stratégique. C'est le cas pour l'industrie laitière et celle du pétrole.

Au Québec, le *Code des professions* touche directement tout franchiseur qui veut accorder des franchises dans un secteur correspondant aux professions soumises à ce code. Par conséquent, le franchiseur concerné devra vérifier si ce code aura un impact sur les activités de sa société de franchise.

3.3 L'état actuel de la législation québécoise

La situation provinciale à ce sujet est incertaine. En 1979, la loi québécoise sur les valeurs mobilières, suite à un amendement, devait inclure la définition suivante concernant le franchisage: «tout certificat, titre ou document (...) où le franchisé obtient certains droits particuliers».

Cette petite altération ouvrait la porte à la Commission des valeurs mobilières pour la réglementation du franchisage. Les choses allaient bon train lorsque, en 1982, la loi subit une refonte qui excluait toute définition portant sur le franchisage. À la grande surprise de tous les intervenants, la réglementation de l'industrie n'allait pas se matérialiser.

L'avenir semble prometteur car le gouvernement québécois a toujours été un précurseur dans le domaine législatif. On peut toutefois spéculer sur sa forme éventuelle, et si on considère ce qui a été fait par le passé, le gouvernement concentrera ses efforts sur la protection des franchisés. Les franchiseurs ne doivent pas espérer plus de souplesse à cet égard. Il est fort possible que la législation québécoise devienne une des plus rigides en matière d'enregistrement. La seule lueur d'espoir pour les franchiseurs est l'éventualité presque certaine d'une loi uniforme appliquée à l'échelle de la confédération canadienne.

3.4 Législation touchant le franchisage indirectement

Un certain nombre de lois ne visent pas l'industrie spécifiquement, mais, en raison de la relation contractuelle du franchisage, peuvent l'affecter de façon détournée.

Voici les principales:

3.4.1 La Loi sur les coalitions

Cette loi fédérale, qui a subi depuis quelques années certains changements, régit deux genres de pratique.

a) premièrement, la Loi sur les coalitions considère illicite et criminelle toute forme de coalition au Canada;

b) deuxièmement, la Loi prévoit certaines exceptions, qu'elle se réserve le droit de juger illégales suite à une enquête qui pourrait révéler une violation des fondements de la libre concurrence.

En ce qui concerne le franchisage, il faudra considérer sérieusement les faits suivants:

i) *L'établissement d'un prix minimum*

Selon la Loi sur les coalitions, il est interdit, au Canada, de fixer ou d'établir par voie contractuelle un prix minimum sur les biens et services vendus sur le marché. Toutefois, une nuance de taille est à faire: la Loi interdit la fixation d'un prix minimum, et non le maintien par voie concurrentielle d'un prix minimum.

Toute forme de coercition exercée par le franchiseur pour fixer un prix minimum dans le contrat est aussi considérée illégale. Notons cependant qu'il n'est pas illicite pour le franchiseur de suggérer un prix de vente, la pratique devient illégale seulement s'il exerce la coercition ou si le contrat stipule que le prix constitue un minimum que le franchisé ne peut dépasser.

ii) *Les ventes liées*

Voici une disposition législative qui peut s'avérer fort désagréable pour les franchiseurs dans un proche avenir. En général, la Loi entend par «ventes liées» ou *«tied selling»* l'activité d'un fournisseur qui force un client à acheter un second bien ou service pour obtenir le premier dont il a besoin.

Vous remarquerez que cette disposition touche le fondement même de la relation franchisé-franchiseur. En effet, le franchisé achète les droits d'une formule d'affaires, et à ce droit est relié un nombre variable de conditions d'achat pour les fournitures.

De prime abord, il semblerait que cette pratique fondamentale du franchisage soit illégale. Toutefois, la commission d'enquête n'a, jusqu'à présent, rendu aucune décision ou verdict formel sur la nature légale de cette pratique. Par conséquent, elle doit juger si cette relation ne constitue pas une «vente liée» et si cette dernière ne nuit pas à la libre concurrence sur le marché. L'évolution présente peut changer de direction à tout moment.

iii) Le *«commerce exclusif»*

On pratique un «commerce exclusif» lorsqu'on accepte de vendre un produit exclusif mis à sa disposition par un fournisseur qui exige ceci comme condition de la fourniture du produit.

Bien sûr, la plupart des conventions de franchise incorporent ces clauses de non-achat de produits concurrents, ce qui garantit la position du franchiseur comme seul fournisseur du réseau.

On serait porté encore une fois à juger cette pratique comme illégale. Il n'en est pas ainsi. Jusqu'à ce jour, la commission d'enquête n'a déposé aucune accusation à ce sujet, et rien ne le laisse présager car le «commerce exclusif» n'est pas interdit comme tel au Canada.

3.4.2 La Loi sur la concurrence déloyale et les marques de commerce

À ce titre, plusieurs tribunaux canadiens ont rendu des décisions intéressantes. Par conséquent, cette loi recèle un intérêt particulier pour le franchiseur et le franchisé.

On peut présenter le problème en trois volets:

1er volet

Une marque de commerce peut être invalidée si trop d'individus qui n'ont pas suivi les formalités d'enregistrement d'usagers légaux en abusent.

2e volet

Cet enregistrement des usagers prévoit que le franchiseur et le franchisé s'assurent que le propriétaire des droits de marque de commerce exerce un contrôle sur la qualité des biens et/ou services rendus sous ladite marque.

3e volet

L'enregistrement comme usager légal demande à l'enregistré de se plier aux exigences contractuelles du franchiseur qui est propriétaire des droits de la marque de commerce tout en lui abandonnant le contrôle de cette même marque.

La loi sur les marques de commerce contient certains articles, largement ignorés, sur la concurrence déloyale.

Il s'agit entre autres de l'article 7 de la loi qui touche les marques de commerce et la concurrence déloyale, dont voici quelques extraits.

Nul ne doit:

a) faire une déclaration fausse ou trompeuse tendant à discréditer l'entreprise, les marchandises ou les services d'un concurrent;

b) appeler l'attention du public sur ses marchandises, ses services ou son entreprise de manière à causer ou à vraisemblablement causer de la confusion au Canada, lorsqu'il a commencé à y attirer ainsi l'attention, entre ses marchandises, ses services ou son entreprise et ceux d'un autre;

c) faire passer d'autres marchandises ou services pour ceux qui sont commandés ou demandés;

d) utiliser, en liaison avec des marchandises ou services, une désignation qui est fausse sous un rapport essentiel et de nature à tromper le public en ce qui regarde:

  i) les caractéristiques, la qualité, la quantité ou la composition;

  ii) l'origine géographique; ou

  iii) le mode de fabrication, de production ou d'exécution de ces marchandises ou services;

e) faire un autre acte ou adopter une autre méthode d'affaires contraire aux honnêtes usages industriels ou commerciaux ayant cours au Canada.

Cet article constitue un outil fort efficace pour le franchiseur. Il pourra intenter des poursuites contre toute entreprise qui désire ou est en voie d'imiter sa formule d'affaires.

3.4.3 Aspects fiscaux particuliers au système de franchise

Comme toute autre entreprise canadienne, les franchises doivent répondre aux exigences des lois fiscales. Il faudra particulièrement étudier leur impact sur deux aspects fondamentaux de la relation entre les parties liées par la convention de franchise.

3.4.3.1 Le droit initial de franchise

Dans les chapitres précédents, le «droit initial de franchise» a été défini comme le versement par le franchisé au franchiseur d'une somme d'argent pour bénéficier des droits de la formule.

Lors de cette transaction, Revenu Canada frappe immédiatement le franchiseur d'une imposition fiscale sur son revenu annuel. Logiquement, on serait porté à croire que le franchisé, de son côté, peut déduire cette somme comme dépense pendant son exercice financier. Or, il n'en est rien. Les percepteurs considèrent que ce droit initial est l'équivalent d'un investissement, donc une dépense de capitalisation qui doit, comme les autres, être amortie pendant la durée du contrat de franchise.

Apparemment le franchisé est privé d'un avantage fiscal très appréciable. Toutefois, avec le concours du franchiseur et de conseillers fiscaux, il serait possible d'envisager deux choix:

- en premier lieu, le franchiseur peut décrire le montant perçu pour le «droit initial de franchise» comme un montant forfaitaire;
- en deuxième lieu, il peut également considérer que ce même montant sert à récupérer les frais encourus pour le choix du franchisé, la mise en marche du commerce, ainsi que les services offerts.

La première proposition laisse une marge de manoeuvre trop étroite. Éventuellement, les mesures adoptées céderont aux persistances des vérificateurs fiscaux. Cependant, la deuxième pourrait s'avérer fort efficace si on apporte des modifications appropriées à la convention de franchisage. L'astuce consiste à changer les termes du contrat en y incluant le prix de tous ces services offerts par le franchiseur afin de pouvoir jouir d'une déduction fiscale.

3.4.3.2 Les sommes payées à un franchiseur étranger

Dans le cas où le franchiseur serait une entreprise dont le siège social ou la principale place d'affaires n'est pas au Canada, et qui, par conséquent, n'est pas soumis à la législation fiscale canadienne, il devra prévoir que ses franchisés sont sujets à des retenues fiscales aux différents niveaux gouvernementaux canadiens.

Tout franchisé contraint de respecter ces pratiques fiscales devra étudier sérieusement les modalités car il sera tenu personnellement responsable du montant de ces retenues.

3.5 Les mécanismes de résolution des conflits

Rien ne peut remplacer la négociation de bonne foi en cas de conflits entre franchiseur et franchisé. Malheureusement, la discussion semble parfois impossible lorsque la tension est trop forte. Dans ces cas, la résolution des conflits doit passer soit par l'arbitrage, soit par les tribunaux.

3.5.1 L'arbitrage

Les parties concernées pourront conclure entre elles une convention d'arbitrage qui, en cas de litige, pourra nommer immédiatement les juges de l'arbitrage et déterminer la procédure à suivre. Ce mécanisme s'avérera très utile pour résoudre des problèmes d'interprétation mineurs.

Au Québec, l'arbitrage est encadré par les articles 940 et suivants du *Code de procédure civile*. Pour que la procédure d'arbitrage soit valide, les parties devront respecter les clauses suivantes:

- il faut que les personnes qui concluent un contrat d'arbitrage puissent se compromettre sur des droits dont elles ont le libre recours;
- le contrat d'arbitrage doit suivre certaines règles formelles écrites.

L'accord d'arbitrage communément appelé le «compromis» doit respecter la forme suivante:

- les noms et qualités des parties;
- la nomination des arbitres (un à trois);
- une liste descriptive des litiges sujets à l'arbitrage;
- la fixation d'un délai pour le rendement de la décision arbitrale. Si le délai est dépassé, le *Code de procédure civile* accorde un sursis maximum de six mois;
- l'exclusion de certains jugements soumis à l'arbitrage. En effet, il ne relève pas de l'arbitrage de porter des jugements sur l'ordre public, l'État ou la capacité des parties concernées;

- le respect par les arbitres des règles fondamentales de droit;
- la décision finale basée sur la majorité des voix. Le Code propose que la sentence soit livrée à la majorité des voix et signée par chaque membre du comité d'arbitrage. Si l'un des arbitres refuse de signer, il faut le mentionner et la nature de la sentence n'en sera pas altérée;
- le dépôt de la sentence.

La décision finale du comité d'arbitrage doit être remise au protonotaire du district où la sentence a été rendue. L'homologation donne à la décision d'arbitrage les mêmes pouvoirs que ceux d'un tribunal.

3.5.2 Les recours du franchiseur

Si un litige entre les deux parties n'aboutit pas à une solution, le franchiseur disposera d'une série de recours.

3.5.2.1 La réclamation des sommes dues

Ce recours judiciaire est simple. En s'appuyant sur le contrat de franchise et des factures, le franchiseur peut réclamer une partie ou la totalité des sommes qui lui sont dues si le franchisé n'a pas respecté les délais convenus.

3.5.2.2 La réclamation de dommages

Si les sources de litiges sont d'un ordre qui peut affecter directement le bon fonctionnement du réseau de franchisage, alors le franchiseur pourra intenter des poursuites en dommages.

Ces contre-mesures sont longues, coûteuses et peuvent parfois se retourner contre le franchiseur. Par conséquent, le franchiseur peut prévoir des clauses dans le contrat qui lui permettront de corriger les agissements fautifs du franchisé, aux frais de ce dernier.

3.5.2.3 L'injonction

L'injonction est une ordonnance émanant de la Cour supérieure qui force une personne à cesser des activités considérées illégales ou non permises par un contrat la liant avec une deuxième partie. L'avantage de l'injonction est sa rapidité d'exécution et sa flexibilité judiciaire. On peut l'obtenir, selon l'état d'urgence, en quelques jours et, dans les cas d'urgence exceptionnelle, en quelques heures. Elle contraint la partie en défaut à se plier immédiatement aux exigences de la Cour.

Toutefois, elle présente un certain nombre de difficultés, particulièrement si l'injonction est exigée rapidement. Pour l'obtention d'une injonction provisoire (délai: quelques jours) ou interlocutoire (délai: quelques semaines), la Cour supérieure exige que:

- l'urgence soit réelle;
- le droit du franchiseur à y recourir soit évident.

Ces conditions d'obtention de l'injonction sont appliquées à la lettre par la Cour supérieure. Ainsi, ce qui semblait facile au tout début, peut devenir un véritable cauchemar bureaucratique.

3.5.2.4 Le séquestre judiciaire

Le séquestre représente un choix intéressant par rapport à l'injonction. Le séquestre judiciaire est une ordonnance légale qui permettra de remplacer le franchisé qui est en défaut par une équipe administrative nommée par la Cour pendant toute la durée du litige, ceci dans le but de conserver intacts les droits des parties concernées.

Toutefois, le franchiseur devra prévoir un délai de deux semaines avant l'obtention du séquestre judiciaire.

3.5.2.5 La saisie pré-jugement

La requête pour une telle saisie doit se faire devant la Cour supérieure. Elle constituera un moyen de défense inespéré pour le franchiseur qui sera confronté à un franchisé en défaut de paiement et susceptible de liquider ses propres biens. Dans une situation semblable, le créancier, en l'occurrence le franchiseur, possède des raisons et des preuves solides que son investissement est menacé s'il n'obtient pas une saisie.

La saisie avant jugement ne réglera pas le conflit, mais elle permettra au franchiseur de mettre sous verrou les actifs qui risqueraient de lui échapper, le laissant sans un sou.

3.5.2.6 La prise de possession

Si un litige semble interminable et sans le moindre espoir de solution à court terme, le franchiseur peut littéralement prendre possession de la franchise et en assumer l'administration pendant toute la période du conflit.

Il justifiera ses actes par une clause spécifique contenue dans la convention de franchisage, et dont on peut retracer les origines dans la *Common Law*. De ce fait, la possession physique n'est pas toujours applicable au Québec. Par contre, ce type d'intervention directe et non judiciaire est rapide et nécessaire dans les situations très délicates, par exemple lorsque la viabilité d'un établissement franchisé est mise en danger par les engagements personnels du propriétaire.

Toutefois, le franchiseur qui emploiera cette méthode draconienne devra agir de façon raisonnable, c'est-à-dire qu'il lui faudra éliminer l'emploi de la force. De plus, il maintiendra un dossier complet sur les opérations du commerce pendant toute cette période: reçus, chèques, etc.

Ces précautions sont indispensables car le franchisé peut par la suite exiger une injonction, ou pis encore, intenter une poursuite en dommages.

3.5.2.7 Le retrait des enseignes et marques de commerce

Dans le chapitre précédent on a énuméré les clauses de marque de commerce. Grâce à elles, le franchiseur peut, en situation de conflit, retirer de la franchise tous les modes d'identification: enseignes, marques, etc.

Ce coup de poker forcera sûrement le franchisé à négocier sérieusement. Cependant, les précautions prescrites pour la prise de possession ont une valeur égale dans ces circonstances. Particulièrement si le franchiseur n'a pas correctement protégé ses droits de propriété sur ses marques de commerce.

3.5.3 *Les recours du franchisé*

Parallèlement, le franchisé, pour faire valoir ses droits, aura les quatre recours judiciaires majeurs suivants:

3.5.3.1 Résolution, résiliation ou annulation de la convention

Le franchisé peut obtenir gain de cause dans les cas suivants:

i) les conditions de validité du contrat vues au chapitre II n'ont pas été respectées (fausse représentation);

ii) le franchiseur ne remplit pas ses fonctions et ne respecte pas ses engagements.

Pour obtenir l'annulation du contrat, le franchisé devra prouver que les mauvais agissements du franchiseur furent substantiellement dommageables et très fréquents car, ne l'oublions pas, la convention ne contient pas des clauses favorables au franchisé. Par conséquent, il devra se rabattre sur le *Code civil*. Dans ce cas, un contrat est sujet à annulation si le franchiseur n'a pas:

• offert un seul service au franchisé;

• correctement employé les sommes destinées à la publicité;

• maintenu l'intégrité et une bonne image de marque.

3.5.3.2 L'injonction

Tout comme pour le franchiseur, l'injonction constitue un excellent recours judiciaire pour le franchisé. Son utilité se fera sentir lorsque le franchiseur n'aura pas rempli ses engagements et que ces mêmes actes risquent de causer un dommage «irréparable» aux intérêts du franchisé.

Ce sera notamment le cas lorsque le franchiseur refusera de fournir les produits nécessaires à l'exploitation du commerce, ou lorsque le franchiseur prendra possession de l'établissement par la force ou la persuasion physique, ou lorsqu'il retirera sans raison les panneaux publicitaires, enseignes, etc.

3.5.3.3 Le recours collectif
et le recours en dommages

Peu importe le geste posé par le franchiseur, si ce dernier est dans le tort et viole des clauses de la convention, le franchisé pourra à bon endroit intenter une poursuite afin de récupérer les dommages subis.

Comme dernier recours, les franchisés d'un même réseau qui se sont sentis trompés par le franchiseur, peuvent faire front commun et entreprendre un recours collectif.

Aux États-Unis, ce type de riposte fut employé à plusieurs reprises avec succès; au Québec, ce recours légal est encadré par les dispositions très ardues des articles 999 et suivants du *Code de procédure civile*.

3.6 Historique jurisprudentiel

En matière de franchisage, la jurisprudence canadienne et québécoise en est encore au stade primaire. Toutefois, les remous sont nombreux et, tôt ou tard, elle se concrétisera et pourra devenir menaçante pour les franchiseurs qui n'ont pas agi avec circonspection.

D'où l'importance de retracer les principales tendances de la jurisprudence canadienne et québécoise.

3.6.1 Le mandat

Le droit québécois définit le mandat comme un contrat qui lie deux personnes; la première, le mandant, accorde à la seconde, le mandataire, le droit de poser certains gestes en son nom. Si un tel contrat existe et est de teneur légale, le mandant est considéré responsable des gestes posés par le mandataire, même si ce dernier n'a pas dévoilé le nom du mandant en exécutant le contrat.

Notre droit québécois contient un article spécifique désigné par le titre de «mandat apparent», qui décrit la notion juridique entre le mandat et le franchisage.

L'article 1730 du *Code civil* nous dit:

> *1730. Le mandant est responsable envers les tiers qui contractent de bonne foi avec une personne qu'il croit son mandataire, tandis qu'elle ne l'est pas, si le mandant a donné des motifs raisonnables de la croire.*

La notion de mandat apparent peut rendre le franchiseur responsable des engagements contractés par son franchisé avec une tierce personne, normalement un fournisseur.

Pour remédier à cette situation, le franchiseur adoptera quelques mesures prudentes:

i) les clauses de la convention seront claires et catégoriques: le franchisé ne devra pas prendre des obligations ou poser des gestes qui risqueraient d'engager le franchiseur;

ii) il est conseillé aussi d'ajouter à l'établissement du franchisé, une pancarte ou un écriteau très visible indiquant que le propriétaire du commerce est bel et bien le franchisé, et non le franchiseur. Par ailleurs, il faudra éviter l'affichage de certains titres comme «gérant», car le droit québécois associe ce terme à celui d'un employé, ce qui sous-entend que le franchiseur serait le véritable propriétaire de l'établissement;

iii) il faudra préciser d'une manière correcte dans la publicité que l'établissement appartient au franchisé. Pour ce faire, le franchiseur devra choisir une méthode qui ne sera pas nuisible à l'image de marque du réseau de franchisage.

3.6.2 La responsabilité indirecte

L'interprétation juridique de la responsabilité indirecte est similaire à celle du mandat apparent. Toutefois, sa notion juridique porte beaucoup plus sur les gestes dommageables que le franchisé peut poser envers une tierce personne.

Si un client se blesse dans l'établissement, la responsabilité ultime ne tombe pas toujours sur les épaules du franchisé. En réalité, les tribunaux peuvent parfois juger le franchiseur responsable, puisque dans la plupart des cas, il est obligé d'inspecter régulièrement les lieux et de contrôler les activités générales de ses franchisés.

Pour se protéger, le franchiseur devra adopter quelques mesures de précaution:

    i) le franchisé sera obligé de contracter des polices d'assurances adéquates désignant le franchiseur comme assuré conditionnel;

    ii) le franchiseur devra, de son côté, se couvrir d'une assurance le protégeant contre tous les cas de responsabilité indirecte;

    iii) dissocier les véhicules du franchisé de ceux du franchiseur par des identifications différentes à moins que la livraison soit un élément crucial de la formule. Ainsi, le franchiseur fait d'une pierre deux coups, car il protège son image de marque en cas d'accident routier ou de véhicules mal entretenus et insalubres.

3.6.3 Les relations employeur-employé

Les lois fiscales et les lois créées pour les régimes d'avantages sociaux (ass. maladie, rente, chômage) donnent une définition beaucoup plus large du salarié que le *Code civil*.

Parfois, un réseau de franchisage est constitué par de petits établissements dont le franchisé est le seul et unique employé. Dans ce cas, un tribunal qui interprète les obligations du contrat peut conclure qu'il existe un contrôle direct du franchiseur sur l'établissement. La déduction logique sera de considérer le franchisé comme un simple employé et le franchiseur devra lui remettre les déductions prévues par les législations fiscales et sociales.

On peut donc constater, à la lecture de ce chapitre, que la structure législative au Québec concernant le franchisage est quasi inexistante, ou à la limite incomplète et diffuse. Le futur franchisé aura donc intérêt à bien étudier la convention de franchise proposée et à vérifier si les clauses du contrat sont acceptables et conformes aux différentes lois de notre province.

Pour vous éclairer un peu sur le sujet, nous vous proposons quelques décisions de jurisprudence qui ont été prises par nos tribunaux au cours des dernières années.

Le 27 janvier 1978, la Cour d'appel du Québec a condamné Chrysler Canada Ltée pour avoir voulu, sans motif valable, retirer la franchise à un de ses concessionnaires, la compagnie LaSalle Automobile Inc.

Chrysler Canada Ltée, mécontente de la performance de son concessionnaire, avait décidé de résilier le contrat de concession, cette rupture devant être en vigueur le 6 octobre 1970. Mais le garagiste, estimant avoir respecté toutes ses obligations contractuelles, continua d'opérer sa franchise. Le fabricant ne lui fournissant plus de véhicules neufs, il s'approvisionna auprès d'autres concessionnaires de la province. Il demanda et obtint une injonction ordonnant à Chrysler de cesser ses blocus. Celle-ci, n'ayant pas obtempéré, fut condamnée pour outrage au tribunal et, le 1er mars 1974, elle accepta de reprendre l'approvisionnement de LaSalle Automobile. Puis, le 8 novembre 1974, le juge Jacques Dugas de la Cour supérieure de Québec rendit un jugement concernant le montant des dommages et intérêts devant être versé au garagiste par Chrysler, estimant que ce dernier avait rompu le contrat de franchise unilatéralement et sans raison valable en ayant même recours à des moyens «malicieux» dans le but «d'écraser ce rebelle». Chrysler se pourvut en appel, mais le juge en chef Édouard Rinfret et les juges François Lajoie et Laurent Bélanger maintinrent la condamnation de Chrysler lui ordonnant de payer un montant de 150 111, 45 $ en dommages et intérêts au concessionnaire[1].

Le 20 août 1982, l'Honorable Juge Pierre Pinard de la Cour supérieure vint à la conclusion, dans un litige impliquant un dépanneur de la chaîne La Maisonnée, que l'effet des multiples restrictions contenues dans le contrat de franchisage fait en sorte que les différents dépanneurs opérant sous cette bannière constituent une chaîne au sens de la *Loi sur la Régie des permis d'alcool* du Québec. En rendant cette décision, la Cour supérieure émettait un bref d'évocation ordonnant à la Régie de ne plus émettre de permis de vin et de bière à ces dépanneurs franchisés.

Une autre décision a été rendue le 29 mars 1983 par l'Honorable Juge Claude Larouche de la Cour supérieure dans

1. *Le Québec industriel*, 33, n° 6, juin 1978, p. 23.

une affaire qui opposait Gulf Canada Ltée et Gaz Bar Jacola Inc. Il fut alors refusé à la compagnie Gulf Canada Ltée une injonction interlocutoire qui l'aurait autorisée à reprendre possession d'un établissement franchisé à la suite du bris de contrat de franchisage, Gulf Canada Ltée étant le locateur principal de l'établissement; cette décision était principalement motivée par le fait que la perte subie par Gulf pouvait être évaluée facilement et qu'en accordant l'injonction, on causerait un plus grand tort au franchisé que celui subi par le franchiseur[2].

2. Deux exemples tirés du *Guide du franchisage*, Levasseur et Associés, 1983, chap. 3, pp. 3-4.

Chapitre IV

Les services offerts par le franchiseur

4.1 Les services de formation
    4.1.1 Cours d'apprentissage technique
        4.1.1.1 La connaissance des produits
        4.1.1.2 L'équipement
        4.1.1.3 L'infrastructure
    4.1.2 Le comment du commerce de détail
    4.1.3 Les cours magistraux
    4.1.4 École de formation
    4.1.5 Disponibilité des cours
    4.1.6 Qui paie pour ces cours
4.2 Les services administratifs
    4.2.1 Les assurances
    4.2.2 Gestion immobilière
    4.2.3 L'emplacement de l'établissement
    4.2.4 Gestion-conseil
    4.2.5 Le système informatique
4.3 Les services financiers
    4.3.1 On aide à financer votre franchise
    4.3.2 Les relations avec les institutions financières
    4.3.3 Marges de crédit
    4.3.4 Gestion des cartes de crédit
    4.3.5 La comptabilité
    4.3.6 Les finances

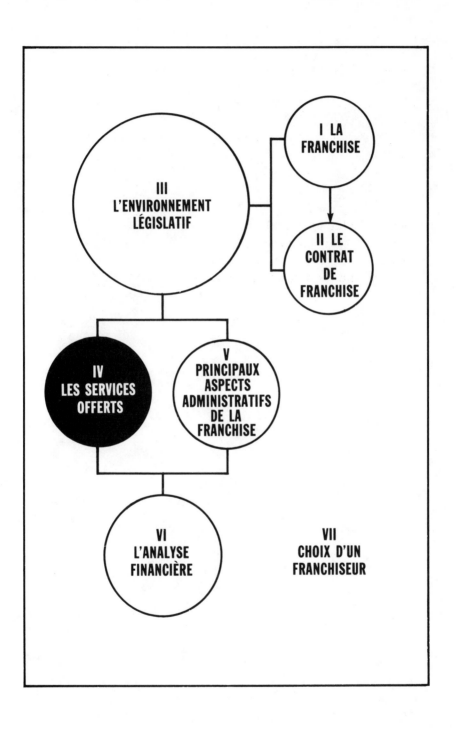

III
L'ENVIRONNEMENT
LÉGISLATIF

I LA
FRANCHISE

II LE
CONTRAT
DE
FRANCHISE

IV
LES SERVICES
OFFERTS

V
PRINCIPAUX
ASPECTS
ADMINISTRATIFS
DE LA
FRANCHISE

VI
L'ANALYSE
FINANCIÈRE

VII
CHOIX D'UN
FRANCHISEUR

Les hommes ne s'attachent point à nous en raison des services que nous leur rendons, mais en raison de ceux qu'ils nous rendent.

E. Labiche, *Le voyage de M. Perrichon*.

Les fondements du franchisage reposent sur une collaboration étroite entre le franchiseur et ses franchisés, qui se concrétise, entre autres, par les nombreux services mis à la disposition des franchisés par le franchiseur.

Tous les réseaux de franchise possèdent des services qui leur sont propres. Bien entendu, la forme et la nature de ces services dépendent largement du secteur commercial et des biens et services qui sont vendus. D'autres facteurs à considérer sont le taux de croissance, l'âge de la franchise, l'étendue du réseau, etc.

Nous verrons donc, dans l'ordre subséquent d'apparition, que les services *généralement* offerts sont les services de formation, administratifs, financiers, de personnel, d'approvisionnement et de marketing. Il est évident que ce ne sont pas tous les franchiseurs qui offrent de tels services, cela dépendra du droit d'entrée et du montant des redevances exigés. Mais nous tenons à vous présenter les principaux services qu'une bonne société de franchise pourrait vous offrir.

Figure 4.1 Les services mis à la disposition des franchisés

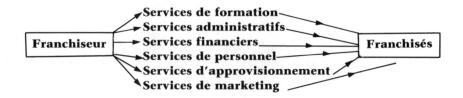

4.1 Les services de formation

L'expérience dans un secteur en particulier n'a jamais constitué un critère lors de la sélection des franchisés. En effet, le franchiseur recherche plutôt des qualités personnelles et un passé truffé de succès, quel que soit le secteur.

4.1.1 Cours d'apprentissage technique

Selon la nature du commerce, tous les franchiseurs offrent un bagage technique complet qui permettra au franchisé d'acquérir le *know-how* indispensable pour diriger sa franchise.

4.1.1.1 La connaissance des produits

Toutes les méthodes et procédures de commande des produits ont été longuement étudiées par le franchiseur. Ce dernier tâchera d'initier le franchisé aux différents produits, lui recommandera quelques fournisseurs et, bien sûr, lui montrera comment passer des commandes.

Pour connaître à fond les produits qu'il vendra, le franchisé apprendra et maîtrisera leurs procédés de fabrication. Par ailleurs, le franchiseur pourra également faire faire au franchisé des stages de formation chez ses fournisseurs.

Tous les franchiseurs tiennent compte des moindres détails; ils exigent que vous maîtrisiez à la perfection toutes les tâches opérationnelles de la franchise: commande, stockage, entretien, comptabilité, étalage, etc.

4.1.1.2 L'équipement

L'apprentissage technique du franchisé s'étend aussi à la compréhension du fonctionnement de tout l'équipement qui sera mis à sa disposition.

Une série de cours pratiques sur le bon fonctionnement des équipements devrait être donnée au franchisé et à ses employés.

4.1.1.3 L'infrastructure

Les franchisés devront accepter d'utiliser les outils de gestion proposés par le franchiseur. Ces outils sont extrêmement efficaces car, longuement éprouvés, ils sont d'une rigueur presque scientifique. Nous traiterons de cette question plus en détail dans le chapitre V. Pour l'instant, on se contentera d'en donner un aperçu dans le tableau ci-dessous.

Tableau 4.1 Outils de gestion proposés par le franchiseur

- systèmes financier et comptable;
- méthodes de contrôle opérationnel:
  . gestion des stocks
  . contrôle de la qualité des biens et services
  . utilisation des déchets post fabrication
  . analyse des états financiers
  . statistiques sur le marché et la concurrence
  . statistiques sur les performances des autres franchisés (ratios).

4.1.2 Le comment du commerce de détail

Un commerce de détail devient florissant si l'on observe obstinément un précepte: le *merchandising* (techniques marchandes). Par conséquent, la majorité des franchiseurs qui oeuvrent dans ce domaine inculquent à leurs franchisés les fondements des techniques de vente et de gestion d'un commerce de détail, dont voici les principaux éléments:

- connaissance de la concurrence et comparaison avec celle-ci en vue d'ajuster la structure des prix;
- aménagement intérieur optimal: étalage, caisse enregistreuse, système antivol, etc.;
- méthodes visant à accélérer l'enregistrement des ventes au comptoir et le service à la clientèle;
- disposition accessible et repérage aisé du produit pour faciliter «l'auto-service» de la clientèle;
- apprentissage de techniques de vente non agressives;
- systèmes de contrôle du rendement ouvrier: productivité (ventes par heure de travail), efficacité et intégrité;
- *check list* pour accélérer la vérification des opérations;
- techniques d'affichage et d'étiquetage;
- techniques d'étalage et contrôle de l'inventaire;
- assistance et apprentissage des techniques d'appui pour les transactions:
  . chèques,
  . plans mise de côté,
  . cartes de crédit,
  . services après vente: produits endommagés;
- application des garanties de qualité accordées aux consommateurs.

4.1.3 Les cours magistraux

La plupart des réseaux de franchisage offrent, parallèlement à la formation académique, des stages en entreprise. En somme, les franchisés devront assister à une série de cours portant précisément sur la gestion d'une franchise.

Ces cours sont donnés par des professeurs compétents possédant plusieurs années d'expérience dans l'industrie.

Ils marient à la perfection le côté théorique du cours avec des exemples concrets.

Les méthodes d'enseignement sont modernes et efficaces. Elles s'appuient sur des livres de formation (généralement développés par le franchiseur) et sur des documents audio-visuels. Voici une liste des sujets qui devraient être abordés:

- comptabilité;
- méthodes de contrôle opérationnel;
- explication des procédures du manuel d'exploitation;
- évaluation des besoins en fournitures et en matières premières;
- évaluation de la qualité et des besoins du personnel;
- gestion du personnel:
  - . comment recruter et licencier son personnel,
  - . méthodes de sélection,
  - . motivation,
  - . formation,
  - . planification des horaires,
  - . rendement du personnel;
- information d'ordre général:
  - . fournisseurs,
  - . produits offerts,
  - . législation gouvernementale,
  - . concurrence: locale, nationale, internationale,
  - . autres franchisés;
- rapports de gestion et redevances;
- théorie et application des techniques de vente.

4.1.4 École de formation

L'école de formation est l'image parfaite de l'établissement que le novice sera appelé à gérer. Parfois, il s'agira d'un local spécifiquement aménagé à cette fin dans une franchise appartenant à la société ou dans une franchise-pilote.

Bien sûr, chaque franchisé assimilera le contenu du cours à

son propre rythme, le temps n'étant pas un facteur significatif. Les apprentis tâcheront de maîtriser tout ce qui concerne la gestion d'un tel établissement, d'un bout à l'autre de la chaîne opérationnelle.

Dans cette industrie, on peut acheter des droits d'exploitation, mais non son autonomie. Pour voler de vos propres ailes, vous devrez prouver à un superviseur délégué par le franchiseur que vous êtes prêt à assumer l'exploitation de son établissement.

4.1.5 *Disponibilité des cours*

Dans la majorité des cas, il vous sera impossible de vous soustraire à ces cours de formation. Cependant, il faut préciser que tous les franchisés n'auront pas la même formation professionnelle. Ainsi, certains suivront uniquement les cours de base, tandis que d'autres traverseront le cycle en entier et seront parfois contraints de parfaire leur formation dans des instituts spécialisés.

Les cours de formation peuvent également être suivis par les employés clés de l'entreprise. Ceux qui manieront des équipements spéciaux s'occuperont de la gestion ou des ventes.

4.1.6 *Qui paie pour ces cours*

La norme dans l'industrie est que le franchiseur assume la totalité des coûts reliés à la formation. Par contre, le franchisé devra payer les frais de séjour et de déplacement ainsi que la formation subséquente de ses employés. Le traitement salarial de ses employés sera généralement égal à leur rémunération régulière en situation de travail.

Figure 4.2 Les services de formation

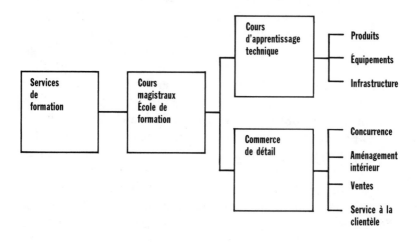

4.2 Les services administratifs

4.2.1 Les assurances

Les assurances pour tous les franchisés sont aussi inévitables que les taxes. En plus d'une police d'assurance de responsabilité civile des lieux commerciaux, le franchisé se dotera de polices qui protégeront son inventaire, ses actifs (meubles, équipement), bref, tout ce qui peut avoir de la valeur dans son commerce.

Les assurances sont indispensables et il ne s'agit pas d'un caprice du franchiseur, car même la loi l'exige. Le franchiseur pourra lui recommander certains courtiers et préciser le type de couverture qu'il faudra négocier, mais la décision finale revient au franchisé car c'est lui qui paiera les primes!

4.2.2 Gestion immobilière

Le contrat de franchise, le bail et le manuel d'exploitation définissent précisément le rôle du franchisé dans l'entretien, la sécurité et la réparation des lieux commerciaux. Il en assume l'entière responsabilité, quoique le franchiseur se réserve le privilège d'intervenir en cas d'expansion ou de réaménagement des locaux.

Si le franchisé loue les lieux commerciaux du franchiseur, son loyer sera alors fixé en proportion de ses ventes brutes, ce qui inclut bien sûr les redevances. À ce stade, le franchiseur examinera de très près les rapports hebdomadaires des ventes brutes. Ce contrôle lui permettra de fixer des prix minimums et maximums pour le loyer qui évolueront par tranches de ventes brutes.

En ce qui concerne les immobilisations, le franchiseur aura pris soin de spécifier leurs fonctions dans la convention ou les documents connexes. En général, il sera question d'équipement, d'outillage, de matériel décoratif et d'outils de *merchandising*. Les immobilisations peuvent être achetées ou louées par le franchisé. Dans le deuxième cas, la facture sera adjointe à celle du loyer.

Puisque l'établissement véhiculera l'image de marque du franchiseur, il est approprié que celui-ci supervise l'aménagement intérieur et extérieur des lieux, en plus de s'assurer que le franchisé respecte à la lettre les engagements concernant l'emplacement de l'équipement et l'ordre des installations. Parfois, il ira jusqu'à conseiller très fortement le nom de la firme qui devrait s'occuper de l'entretien, à moins qu'un département créé à cette fin n'existe déjà dans le réseau.

Cette supervision des lieux aura cours pendant toute la durée du contrat et elle prendra la forme d'inspections surprises. Un fait demeure, le franchiseur tient coûte que coûte à préserver son image de marque. S'il le faut, il vous forcera, si vous êtes fautif, à réparer ou à modifier vos installations à vos propres frais.

4.2.3 L'emplacement de l'établissement

Pour reprendre les propos sensés d'un commerçant prospère, trois choses comptent dans la réussite d'un commerce de détail: l'emplacement, l'emplacement et, bien sûr, l'emplacement.

La question de l'emplacement est fondamentale et, pour cette raison, le franchiseur, d'une manière ou d'une autre, émettra son opinion personnelle. Nous avons défini quatre degrés d'implication du franchiseur dans ce genre de décision.

1er degré d'implication

Le franchiseur assume la totalité du projet, de sa conception, en passant par la mise en chantier, jusqu'à la sélection finale d'un franchisé. En somme, il fera toutes les études pertinentes de localisation: bassin de population, achalandage routier, stratégie de l'emplacement, etc.

Le franchiseur a définitivement le beau jeu, car il peut franchiser l'établissement, en faire une franchise-pilote ou créer un établissement corporatif.

2e degré d'implication

Le franchiseur choisit une zone de développement ayant beaucoup de potentiel, et le franchisé, à l'intérieur de ces limites géographiques, propose des sites favorables. Par la suite, le franchiseur fera les études de localisation et retiendra le meilleur site.

Une fois l'emplacement déterminé, le franchiseur entreprendra la construction de l'établissement. Entre temps, le futur franchisé pourra suivre ses cours de formation et, les travaux de construction terminés, il pourra réclamer son établissement clé en main.

3e degré d'implication

Ce degré d'implication du franchiseur est identique au précédent, à une exception près, le franchisé s'occupera des études de localisation. Toutefois, le franchiseur donnera son point de vue et, après discussion, franchiseur et franchisé choisiront d'un commun accord le site idéal.

4e degré d'implication

Le franchisé est laissé à lui-même. Il fera les études nécessaires et déterminera le site. Le seul appui qu'il obtiendra du franchiseur sera un guide méthodologique d'évaluation du site.

De toute évidence, cette dernière pratique est la moins

courante, et avec raison. Le choix définitif d'un site commercial est trop crucial pour qu'il soit laissé au seul jugement du franchisé.

4.2.4 Gestion-conseil

Le franchiseur est entouré d'une équipe énergique et très compétente. D'un côté, les administrateurs et directeurs de départements, de l'autre, les lieutenants de camps, ceux qui parcourent les chemins, les superviseurs. Ces derniers sont bien plus que des surveillants, ils agissent en tant que conseillers auprès des franchisés.

On leur assigne entre quatre et dix établissements, qu'ils visitent régulièrement. Leur rôle principal est de servir d'agents de liaison. Ils veillent au bon fonctionnement du réseau et, en cas de problème, ils n'hésitent pas à aider les franchisés en difficulté. Ils donneront une foule de conseils en gestion et tiendront le franchisé au courant des derniers développements techniques.

4.2.5 Le système informatique

Actuellement, l'informatique aide de nombreux franchiseurs à gérer plus efficacement leur entreprise. La plupart l'utilisent pour traiter l'océan de paperasses quotidiennes, produire des états financiers et des rapports de gestion destinés aux franchisés. D'autres tâches peuvent aussi être informatisées: la comptabilité, les études de marché, les ventes du réseau, les comptes recevables, la coordination de la fonction entreposage-distribution-transport-livraison, le contrôle des inventaires, l'approvisionnement, la facturation.

Le franchiseur pourra faire bénéficier les franchisés des services informatiques suivants:

- préparation des états financiers;
- calcul des ratios financiers et des tendances générales (coût d'opération, frais généraux, retour sur l'investissement, croissance, etc.);
- rapport de vente et rentabilité par secteurs géographiques,

Figure 4.3 Les services administratifs

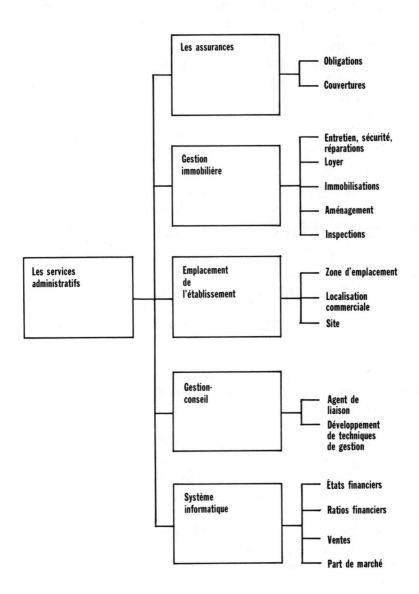

par gammes de produits, classement d'un établissement parmi les autres du réseau;

• calcul de la part du marché et du taux de pénétration.

Dans le domaine de l'industrie, seuls quelques géants disposent d'une banque de données et d'un système de traitement central qui les relie à leurs franchisés. Ces derniers, à moins que les périphériques soient déjà installés, peuvent tout de même choisir leur propre système informatique. De toute manière, la marge de manoeuvre est mince car le franchisé doit se procurer un micro-ordinateur compatible avec celui du franchiseur.

4.3 Les services financiers

4.3.1 On aide à financer votre franchise

Les franchiseurs recruteront des candidats qui sont prêts à prendre des risques: pas de franchise sans mise de fonds. D'ailleurs, certaines franchises imposent un minimum très élevé dans le seul but de déterminer la volonté personnelle de l'investisseur et son degré de réticence. Toutefois, cette mesure comporte un avantage: la somme investie assure un bon fonds de roulement.

Tous les franchiseurs ne partagent pas la même philosophie des affaires. Certains s'engageront à garantir des prêts auprès de leur institution financière, sans trop de difficultés. D'autres investiront une partie de la mise de fonds qu'on leur remboursera selon un pourcentage des ventes brutes, la balance de l'investissement pouvant être garantie ou endossée par les franchiseurs. Dans certains cas, les mieux nantis pourront avancer la totalité de la mise de fonds et contracter un prêt bancaire sans l'endossement du franchiseur. Pour le banquier, le seul fait que l'on soit associé avec un franchiseur au crédit solide suffit. Il sera cependant préférable de négocier l'emprunt et d'ouvrir un compte à la banque du franchiseur.

Heureusement, pour ceux dont les économies ne sont pas substantielles, il existe une exception qui vient confirmer la règle. Parfois, les franchiseurs peuvent faire de légers compromis pour des futurs franchisés qu'ils considèrent pleins de potentiel.

4.3.2 Les relations avec les institutions financières

Le mot relation sous-entend ici qu'il y a un contact humain. Le futur franchisé a tout intérêt à impressionner le banquier avec lequel il aura à négocier s'il veut mettre toutes les chances de son côté. Cependant, le franchiseur aura déjà accompli une bonne partie du travail en l'introduisant auprès du banquier. De plus, tout dépendant de l'importance de la société de franchise, elle jouira certainement de taux d'intérêts et de conditions d'emprunt préférentiels. À moins d'être lui-même très riche, les chances sont minces pour que le futur franchisé obtienne un meilleur financement ailleurs.

Présentement, plusieurs banques à charte et institutions financières offrent un *package* financier pour les franchiseurs et leurs franchisés, en plus d'offrir les services d'experts-conseils très consciencieux.

Les plus actives sont bien sûr la Banque Royale, la Banque Impériale de Commerce, la Banque de Montréal et Roynat Inc. Il est fort probable qu'au cours des prochaines années d'autres institutions financières prendront part au financement de franchises.

4.3.3 Marges de crédit

Tous les franchiseurs exigent que les franchisés obtiennent une marge de crédit auprès de leur institution bancaire. Aucun commerce ne peut opérer sans ce flux constant de liquidité. La marge de crédit permettra au franchisé de boucler son budget d'opération (approvisionnements, flux d'encaisse, etc.). Le montant exact sera négocié avec le franchiseur et pourra varier selon les saisons.

4.3.4 Gestion des cartes de crédit

Les franchises ne se prêtent pas toutes à l'utilisation des cartes de crédit. Mais pour la plupart d'entre elles, cette méthode de paiement est un service indispensable offert aux consommateurs.

Le franchiseur jouit d'une économie d'échelle considérable: en s'appuyant sur le chiffre d'affaires de tout son réseau, il peut négocier les meilleures conditions possible auprès des institutions financières qui émettent les cartes de crédit. Par conséquent, le franchisé profite de tarifs infiniment moins élevés que s'il négociait à son compte.

4.3.5 La comptabilité

La réussite d'une franchise dépend largement du degré de contrôle que l'on peut exercer sur elle. La comptabilité sera ce moyen de contrôle. Dans tous les réseaux, le franchiseur impose sa vision comptable des affaires. À travers la documentation qu'il remet aux franchisés, il expose les divers systèmes comptables qui devront être scrupuleusement appliqués par les franchisés.

Périodiquement, le franchisé sera obligé de faire parvenir à son franchiseur les états financiers de son commerce qui devront être vérifiés par un comptable agréé choisi ou accepté par le franchiseur.

4.3.6 Les finances

Le cauchemar de tous les franchiseurs est un établissement en difficulté financière. Voilà pourquoi ils imposent aux franchisés un contrôle financier très sévère.

Les franchisés devront fournir sur une base hebdomadaire un rapport complet des ventes, ainsi que des états financiers mensuels, trimestriels et annuels. Chaque rapport sera passé au peigne fin par les experts financiers du franchiseur qui tâcheront de déceler les forces ou les faiblesses financières de l'établissement.

Ce contrôle rigoureux profite aussi bien au franchiseur qu'au franchisé.

Figure 4.4 Les services financiers

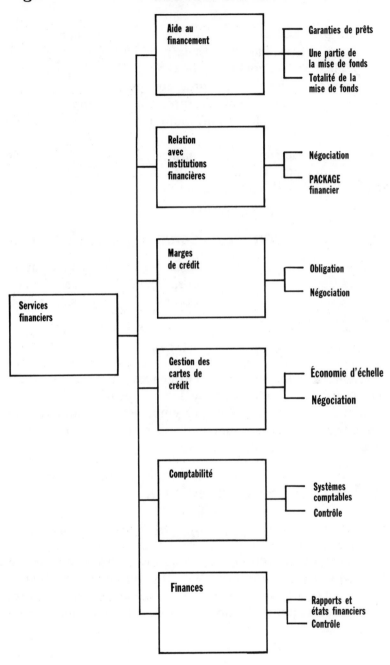

4.4 Le service du personnel

L'actif principal d'une entreprise est son capital humain. Qui dit employé, dit productivité! Et la productivité du personnel, c'est la règle d'or d'un commerce rentable. Nul doute que le franchiseur mettra l'accent sur des programmes de formation et des séminaires de recyclage pour s'assurer que les compétences du franchisé et de ses employés sont toujours à l'avant-garde de l'industrie.

Par ailleurs, le franchiseur fournira pour chaque secteur de son réseau, des superviseurs-conseils qui veilleront à l'amélioration du climat de travail, à la motivation du personnel et à l'accroissement de la productivité.

4.4.1 Gestion du personnel

La gestion du personnel incombe essentiellement au franchisé. Les franchiseurs s'immiscent rarement dans les affaires du personnel, sauf peut-être pour élaborer des politiques salariales et d'avancement des employés.

4.4.2 Les avantages sociaux

Le franchisé doit se plier aux exigences des lois régissant les avantages sociaux. Toutefois, s'il le désire, il peut offrir davantage pour stimuler le rendement de ses employés. Il faudra vérifier l'impact d'une telle mesure sur l'établissement et ses répercussions dans le reste du réseau de franchises.

4.5 Le service des achats

4.5.1 Gamme des produits et leur sélection

Le franchisé qui choisit ses produits doit considérer la politique de vente de la société ainsi que la philosophie de son département du marketing. De plus, le choix final dépendra largement des politiques d'approvisionnement et des stratégies de mise en vente du réseau:

- clientèle cible: segmentation;
- structures des prix de la concurrence;
- *marketing-mix* de la concurrence;
- qualité et quantité disponibles.

Bien sûr, les besoins varient selon la nature propre d'une franchise. Les besoins en fournitures d'un Monsieur Muffler sont très différents de ceux d'un ProviSoir. Par conséquent, le secteur d'activités dicte le contenu du répertoire des produits offerts au franchisé.

Peu importe le type de distribution adopté, que le franchisé s'approvisionne directement auprès du franchiseur ou par un circuit extérieur imposé par le franchiseur, ce dernier sera toujours présent pour inspecter la qualité et négocier les prix d'achat afin de s'assurer de la disponibilité continuelle des fournitures ainsi que de leur transport rapide et sécuritaire.

4.5.2 La fonction de distribution et d'entreposage

La responsabilité finale de ces fonctions vitales du *marketing-mix* repose toujours sur les épaules du franchiseur. Il devra choisir le circuit de distribution et d'entreposage qui répond idéalement à ses contraintes financières et physiques, car il s'engage auprès du franchisé à lui fournir à temps et en bon état tous les produits qu'il commandera.

Selon les natures diverses du réseau de distribution, le franchiseur peut:

i) entreposer lui-même la marchandise et la distribuer;
ii) l'entreposer chez une compagnie spécialisée et la distribuer lui-même;
iii) l'entreposer lui-même et la faire distribuer par une firme de transport.

4.5.3 Le contrôle et la gestion des stocks

Interrompre la production faute de marchandise ou être incapable de fournir sur-le-champ un produit au consommateur parce que la commande n'a pas été soumise à temps

Figure 4.5   Le service des achats

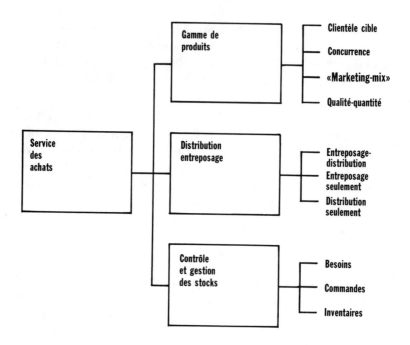

auprès des fournisseurs sont des erreurs impardonnables et très coûteuses en affaires.

Pour éviter ces situations gênantes, le franchiseur exige que ses franchisés évaluent de façon régulière leurs besoins en fournitures de tous genres. Ce système de gestion des stocks contrôle les allées et venues des marchandises et permet aux franchisés de faire parvenir leurs commandes chez le fournisseur bien avant qu'ils ne soient démunis.

La logique régissant la gestion des inventaires est limpide, mais elle n'est pas toujours facile à mettre en pratique. Il s'agit de maintenir les stocks au strict minimum sans être à sec; on met en marche la filière de commande en prévoyant le temps nécessaire

112

pour traiter l'information et le délai de livraison. Ce n'est pas facile! Les choses iraient cent fois mieux si les systèmes d'achat et de contrôle des stocks étaient informatisés.

La prise des inventaires vise à contourner les difficultés découlant d'une rupture de stocks, mais elle permet également de savoir trois choses: la vitesse de rotation des stocks, le prix sur réception des produits et la valeur monétaire gelée dans les stocks. Ce dernier point est très important, car souvent des inventaires trop élevés coûtent cher et peuvent étrangler le fonds de roulement du commerce. Voilà pourquoi il faut les maintenir au strict minimum.

4.6 Le service du marketing

4.6.1 Commercialisation

La commercialisation, c'est l'art de savoir introduire un produit sur le marché. Pour cela, il faut analyser les besoins des consommateurs, déterminer les segments de marché et s'y nicher, fixer le juste prix, promouvoir le produit et le rendre disponible sur ses points de vente. Le *marketing-mix*, c'est tout cela.

Une stragégie de commercialisation est la soeur jumelle d'un plan d'attaque. Par conséquent, ce sont les hautes instances qui en décident, en l'occurrence, le franchiseur. Il fera les études commerciales appropriées et fixera par la suite les objectifs à atteindre. En se basant sur ces objectifs, le franchiseur façonnera les politiques commerciales du réseau que tous les franchisés devront suivre aveuglément.

La stratégie n'est pas immuable; elle doit s'adapter aux conditions du marché. Un produit qui pouvait sembler prêt pour la vente il y a quelques mois, sera peut-être désuet ou sans preneur dans quelques jours. Parfois, le problème est mineur et peut être corrigé par quelques modifications superficielles, comme son apparence, l'emballage ou l'étiquetage. Malheureusement, si l'utilité ou les fonctions intrinsèques du produit sont remises en question, les changements peuvent s'avérer très coûteux et ne valent pas toujours la peine qu'on les entreprenne.

Par ailleurs, il faudra fixer un prix au produit. Cette procédure n'est pas laissée au hasard. Le franchiseur doit avant tout calculer les coûts unitaires de production et les frais subséquents de distribution, ajouter sa marge bénéficiaire et ensuite déterminer le prix. Parfois, la concurrence oblige le franchiseur à vendre un produit moins cher qu'il ne coûte, ou, s'il ne rapporte pas le profit escompté, il faudra alors décider de l'avenir du produit.

Normalement, le service du marketing des sociétés de franchisage est structuré à partir des fonctions suivantes: *pricing*, gestion des produits (qualité), gestion de la distribution, promotion, publicité, relations publiques et communication, recherche et localisation commerciale, développement immobilier, recherche et développement, analyse de marché.

4.6.2 Promotion et publicité

La publicité est un service offert par tous les franchiseurs. Ce n'est pas une oeuvre de charité, car tous les franchisés doivent contribuer à un fonds de publicité pour se prévaloir de ce service. De son côté, le franchiseur collaborera avec une agence de publicité pour monter un programme à l'échelle nationale. La publicité prendra généralement la forme de *blitz* qui coïncidera avec des activités promotionnelles proposées par le franchiseur.

Ces *blitz* publicitaires seront répartis de manière optimale entre les médias d'information qui rejoignent la majorité de la clientèle cible du réseau de franchisage. Chaque franchisé en bénéficie, car la publicité est conçue de manière à rehausser et propager la bannière du réseau.

Certains franchiseurs prévoient aussi des *blitz* sur mesure à l'échelle locale. D'autres l'interdisent formellement de peur d'engendrer une concurrence à l'intérieur du réseau. Il demeure que la publicité locale, de par sa nature, est une arme publicitaire redoutable si on sait sur qui la braquer.

N.B.: Pour ceux qui désirent approfondir la question du marketing comme fonction principale dans l'entreprise, nous suggérons le volume intitulé *Comprendre le marketing*, publié dans la même collection.

4.6.3 Techniques marchandes

Ce terme englobe toutes les activités se rattachant à l'aménagement intérieur et extérieur de l'établissement commercial. Le franchiseur régit presque unilatéralement cette fonction car il veut garder le contrôle sur l'image du réseau. D'ailleurs, le franchiseur spécifie dans un document ses normes de construction et d'aménagement intérieur. L'équipe responsable suivra ses directives à la lettre; à l'intérieur: peinture, étalages, plafonds, salles de bain, mobilier, etc.; à l'extérieur: stationnement, panneaux, pavage, aménagement paysager, etc.

Dans le commerce de détail, le *merchandising* est crucial pour le succès d'un établissement. Une grande proportion des consommateurs sont des acheteurs impulsifs; si un magasin est bien aménagé, plaisant à l'oeil et surtout invitant de l'extérieur, alors le commerçant se trouve sur la bonne voie.

4.6.4 Le rôle des conseillers

Presque tous les franchiseurs ont dans leurs organisations une armée de conseillers experts qui sont prêts à assister les franchisés sur n'importe quel point. Vu l'importance stratégique du *merchandising*, les superviseurs viendront régulièrement organiser ou réaménager la disposition des produits de façon à maximiser l'attrait visuel, et générer des revenus supplémentaires.

4.6.5 Recherche et développement

La gestion des produits et la R et D (recherche et développement) sont deux fonctions indissociables du franchisage. La première veille à ce que les produits existants correspondent bien aux goûts des consommateurs. Les moindres changements ou variations dans les ventes sont sérieusement analysés, et l'on garde les yeux ouverts sur les nouvelles tendances d'achat du public. La deuxième fonction s'appuie sur les découvertes de la précédente. En effet, les employés du département R et D orienteront leurs efforts dans les directions indiquées par les gestionnaires du produit. On tâchera de développer de nouvelles techniques de fabrication, de nouveaux matériaux ou procédés, et surtout de nouveaux produits.

Un département de R et D se divise comme suit:

- développement de nouveaux marchés;
- développement des gammes de produits;
- développement des produits existants: améliorations, mise à jour, modifications;
- possibilités de diversification.

Un département de R et D coûte très cher. Seuls les gros canons du franchisage peuvent se permettre ce genre de dépenses. Pourtant, la mise de fonds initiale rapporte beaucoup car, au bout du tunnel, malgré les échecs et les coûts exorbitants, on obtiendra au moins quelques produits exclusifs qui perceront dans le marché. La capacité de développer de nouveaux produits avant que le cycle de vie des anciens ne s'achève constitue une garantie d'expansion et de prospérité pour un réseau de franchisage.

4.6.6. Expansion et développement

La principale raison d'être d'une société de franchisage est d'étendre son influence en multipliant le nombre de ses établissements de vente parallèlement au nombre de territoires géographiques. Cette expansion a lieu lorsqu'un territoire a atteint son degré de saturation en fonction de sa clientèle potentielle et que la société de franchisage doit se tourner vers un autre territoire et poursuivre son développement en octroyant d'autres franchises. Et ainsi de suite.

Le franchisage est une roue motrice qui prend sa force dans le nombre de franchisés, dans la gamme de services offerts et dans la structuration du réseau. Une société qui adopte une expansion planifiée prévoira aussi l'expansion de ses services et leur développement. Et ce, pour son bien et celui des franchisés.

Figure 4.6 Le service du marketing

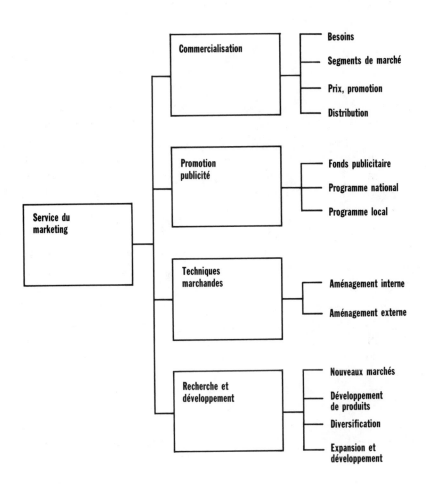

Chapitre V

Les principaux aspects administratifs de la franchise

5.1 Les approvisionnements

    5.1.1 Le franchiseur en tant que fournisseur unique
    5.1.2 Les achats hors du réseau
    5.1.3 Les quotas
    5.1.4 La facturation

5.2 Gestion de l'inventaire

    5.2.1 Les systèmes de contrôle
    5.2.2 Les prises d'inventaires
    5.2.3 La distribution
    5.2.4 Le transport des fournitures

5.3 Gestion du crédit

5.4 Gestion immobilière

    5.4.1 L'entretien
    5.4.2 La prévention avant les réparations

5.5 Les promotions

5.6 Gestion du personnel

5.7 Inspection et supervision

    5.7.1 La fréquence du soutien
    5.7.2 Les rapports

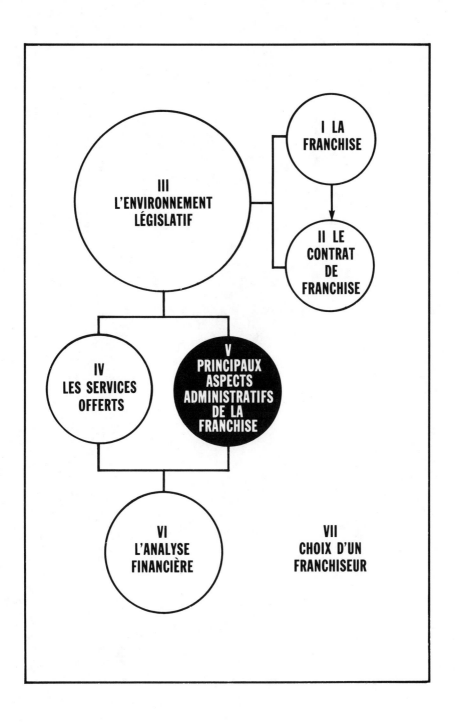

*Ce n'est pas assez de faire des pas qui doivent un jour con-
duire au but, chaque pas doit être lui-même un but en même
temps qu'il nous porte en avant.*

Goethe, *Conversations*, 1823.

Il ne s'agira pas ici d'examiner de façon exhaustive les aspects opérationnels et administratifs d'une franchise, mais bien de sensibiliser le lecteur à ces aspects des plus importants et de lui faire comprendre le rôle fondamental de la gestion des stocks et des approvisionnements.

5.1 Les approvisionnements

Tout au long de cet ouvrage, vous avez pu remarquer une constante dans le système de franchisage: la standardisation et l'uniformisation des méthodes dans le but d'optimiser le rendement. La fonction approvisionnement n'échappe pas à cette règle. Ainsi, peu importe le type de franchise, tous les franchisés profitent, à un degré différent, des conditions préférentielles lors de l'achat de fournitures.

5.1.1 Le franchiseur en tant que fournisseur unique

La plupart des franchiseurs exercent, d'une manière plus ou moins directe, un contrôle total sur l'approvisionnement de leur

Figure 5.1 Opération et administration d'une franchise

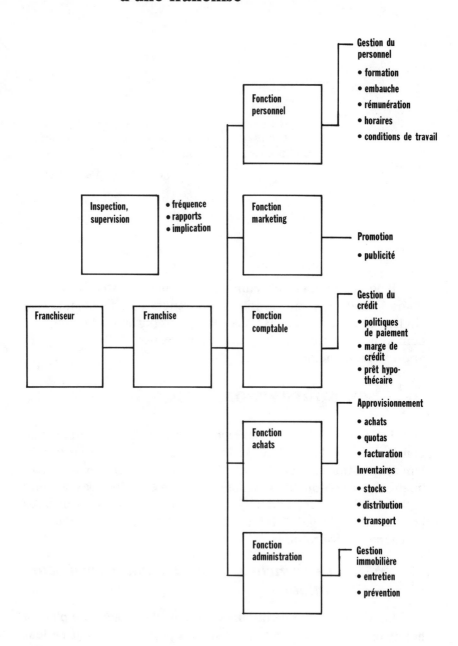

124

réseau de franchises. Dans bien des cas, les franchisés ne peuvent pas contourner cet état de choses car ce droit unique est garanti par la convention de franchise. Cette formule rigide de fournisseur unique est très bénéfique pour l'ensemble du réseau. En effet, le franchiseur, capitalisant sur l'ensemble des besoins de ses franchisés, peut effectuer des achats consolidés et en conséquence offrir des produits aux membres de son réseau à bien meilleur prix.

Selon la nature des réseaux de franchisage, certains franchiseurs se réservent une marge bénéficiaire supplémentaire sur les produits vendus aux franchisés. Ce profit vient en sus des redevances perçues sur chaque unité vendue.

Dans le cas où le franchiseur agit comme fournisseur unique, il est possible d'interpréter la marge de profit unitaire réalisée sur les produits vendus aux membres du réseau comme une source de fonds destinée à l'expansion et au développement de nouveaux produits.

5.1.2 *Les achats hors du réseau*

D'autres franchiseurs préfèrent se défaire de la fonction de fournisseur. Ils conservent tout de même leurs pouvoirs de négociation pour garantir des prix d'achat concurrentiels aux franchisés. Le contrôle de la distribution demeure total bien que les franchiseurs ne s'impliquent pas physiquement.

Parfois, les particularités locales de l'offre et de la demande empêchent un franchiseur de fournir le produit exigé par un franchisé. Par conséquent, si la convention le permet et que le franchiseur ne s'y oppose pas, le franchisé pourra s'approvisionner hors du réseau.

Dans le second cas, où le franchiseur agit comme intermédiaire pour un fournisseur attitré, il acceptera l'approvisionnement extérieur seulement si les prix le justifient.

Les franchisés n'ont pas souvent les mains libres. Ils sont tenus par le contrat de respecter des règles strictes de qualité des produits. Par conséquent, d'une manière ou d'une autre, la décision de s'approvisionner hors du réseau ne sera jamais unilatérale.

5.1.3 Les quotas

Régulièrement, le franchiseur lance des campagnes promotionnelles. Dès lors, les franchisés sont contraints de commander une quantité fixe du produit en promotion.

Ces quotas sont laissés en consignation chez le franchisé, et toute marchandise non vendue peut être retournée. Si les ventes chez un franchisé n'atteignent pas un volume suffisant et que cela nuit au reste du réseau, le franchiseur s'empressera de corriger la situation car la santé de la société mère dépend de ses franchisés.

5.1.4 La facturation

La méthode de facturation est étroitement liée au mode d'approvisionnement.

• Le cas du franchiseur-fournisseur unique

1re méthode

Dans cette situation, le franchiseur cherchera à uniformiser ses méthodes de facturation. Par exemple, on peut imaginer qu'il enverra au franchisé un relevé complet de ses achats; le paiement devra se faire dans un délai préétabli sur réception de la marchandise ou des factures.

2e méthode

On peut aussi envisager l'ouverture d'une marge de crédit. Dans ce cas, le franchiseur devient un fournisseur qui participe au financement du fonds de roulement de la franchise. Par exemple, le franchisé peut, après avoir inspecté la condition des produits livrés, autoriser à sa banque un virement dans le compte du franchiseur. Si le franchisé relève une erreur dans la facturation, il peut se faire accorder un crédit par le franchiseur.

• Le cas des fournisseurs extérieurs autorisés par le franchiseur

1re méthode

Dans ce cas, la facturation passera d'abord chez le franchiseur, qui l'enverra aux franchisés. Puisque le franchiseur a négocié les prix d'achat avec le fournisseur, il proposera aussi la méthode de paiement.

2e méthode

Ici, les fournisseurs évitent l'intermédiaire et facturent les franchisés directement. Est-il nécessaire de préciser que le tout se déroulera sous l'oeil vigilant du franchiseur.

5.2 Gestion de l'inventaire

Peu importe l'industrie, la gestion des inventaires constitue un point vital de la gestion d'une entreprise. En effet, le degré d'efficacité de la gestion des stocks d'une entreprise en influence grandement le *cash-flow* et la rentabilité.

5.2.1 Les systèmes de contrôle

Par l'entremise des superviseurs-conseils, le franchiseur exerce un contrôle constant sur la gestion de chaque franchise. Ils voient à faire respecter les directives qui émanent du siège social: la qualité de la production et des fournitures, l'enregistrement ordonné des ventes et, bien sûr, les prises d'inventaires.

Le franchiseur fixe des normes sur la durée de conservation des produits et le climat d'entreposage idéal afin d'éviter que des produits détériorés ne soient vendus.

5.2.2 Les prises d'inventaires

Le franchiseur fixera aussi la fréquence des prises d'inventaires. Compte tenu de leur importance, il fournira souvent des outils de gestion pour garantir la précision de l'analyse. Dans les cas où le franchiseur est aussi le fournisseur unique, il pourra épauler ces prises d'inventaires par des extrapolations à partir des carnets de commandes de ses franchisés.

Les grandes franchises qui évoluent dans le commerce de détail offrent les services-conseils de firmes spécialisées. Ces professionnels de la gestion des stocks visiteront périodiquement les établissements pour déterminer la qualité des stocks, la vitesse de rotation, le climat d'entreposage, etc.

Toutes ces enquêtes permettront l'établissement d'un niveau

minimum acceptable de stocks. Ceci est très souhaitable, car plus le niveau est bas, plus la rotation des stocks est rapide. Ainsi, en maintenant une certaine qualité des produits, on réduit les coûts d'entreposage et on améliore le fonds de roulement, car moins de liquidités sont captives dans les stocks.

5.2.3 La distribution

• Le cas du franchiseur-fournisseur unique

Ici, le fournisseur est la clé de voûte du système de distribution. À tout moment, il doit se tenir prêt à approvisionner les magasins corporatifs et les établissements franchisés. Cela signifie que ses stocks doivent être maintenus à un niveau minimum pour éviter les ruptures. Donc, mis à part les placements automatiques, tous les franchisés devront passer leurs commandes saisonnières au moins un an à l'avance.

• Les cas des fournisseurs extérieurs autorisés par le franchiseur

Dans ce cas, le franchisé a tout intérêt à acheter en vrac pour jouir de meilleurs prix et d'un statut préférentiel auprès du (des) fournisseur(s).

Le calendrier des commandes devra être établi d'avance afin d'éviter tout malentendu. Si on transige avec plusieurs fournisseurs, il est préférable de passer ses commandes de manière à éviter les chevauchements de livraison.

Exemple: Le Chocolatier Pr'Aline

Le Chocolatier Pr'Aline permet à chaque franchisé de vendre des pralines, importées directement de Belgique, à la fois au détail et à des clients corporatifs tels que les hôtels et les restaurants. Ces commandes sont effectuées chaque semaine par le franchiseur qui se charge de les acheminer par télex au fournisseur belge; la livraison des produits est faite à chaque franchisé par avion.

Règle générale, pour obtenir un réseau de distribution efficace, il faudra observer les points suivants:

i) un approvisionnement rapide et fiable:
    • acheteurs appliqués et consciencieux,

- fournisseurs respectables et intègres;
ii) des conditions d'entreposage efficaces:
  - sécurité contre le vol et les incendies,
  - proximité du bassin de clientèle,
  - proximité des infrastructures de transport;
iii) des moyens et réseaux de transport sûrs:
  - flotte de camions propres et en bon état,
  - sous-contractants fiables,
  - minimisation des distances et rapidité de livraison.

5.2.4 Le transport des fournitures

Les grandes sociétés de franchisage possèdent généralement leur propre flotte de camions. Ce n'est pas une question de luxe ou de statut; contrôler le transport de la marchandise, c'est contrôler la fonction de distribution.

Si le franchisé fait affaire avec des fournisseurs autorisés, il devra les soumettre à des critères de sélection sévères qui élimineront les moins professionnels: structure des prix, qualité de la livraison, distances à parcourir, sécurité, etc., sont tous des points à vérifier.

Le franchiseur qui a bâti son propre réseau de distribution jouira de certains avantages par rapport à ses concurrents. Selon le secteur d'activité, les fonds considérables investis dans le complexe entrepôt-transport seront vite récupérés sous forme d'économie d'échelle, mais surtout par le contrôle rigide à travers tout le réseau de franchisage.

5.3 Gestion du crédit

La définition du crédit est celle d'une avance d'argent ou d'un paiement reporté. Au niveau du crédit, le franchiseur orchestrera quelques interventions heureuses, particulièrement auprès de son banquier. Une lettre d'introduction ou une rencontre du franchiseur avec le responsable du crédit bancaire facilitera grandement l'obtention d'une marge de crédit ou d'un prêt hypothécaire.

Pour ce qui est de la marge de crédit, le franchiseur veillera à ce qu'elle soit à la mesure des besoins de l'établissement, ni plus, car le franchisé s'effondrerait sous le poids des dettes, ni moins, car le franchisé pourrait être paralysé par un manque de liquidité (*cash crunch*).

Toutes les sociétés de franchisage se dotent d'une politique de paiement à laquelle il est difficile de déroger.

Par exemple, la plupart des sociétés exigent le paiement des livraisons dans un délai de sept jours, sur place ou par chèques préautorisés. Parfois, cela est très rare, mais si la requête est bien justifiée, le franchiseur peut accorder un moratoire sur le paiement des comptes fournisseurs.

5.4 Gestion immobilière

Le franchisé devra aussi gérer les lieux de son établissement commercial. Le mode de gestion dépendra de la question de savoir si les locaux sont loués, sous-loués ou hypothéqués. Peu importe le statut de propriété, le fond de la gestion immobilière est indissociable des engagements découlant du contrat de franchise. En effet, le franchisé devra appliquer à la lettre les directives du franchiseur: agencement de couleurs, salubrité, sécurité des lieux, entretien, bonne apparence, etc.

5.4.1 L'entretien

Dans un établissement franchisé, l'entretien doit être aussi quotidien qu'une toilette personnelle. L'ennemi mortel à abattre est l'insalubrité. Pour cela, les planchers doivent reluire, les salles de bain, les comptoirs, les réfrigérateurs, les tablettes, les caisses enregistreuses doivent briller de propreté. Dans ce domaine, le superviseur-conseil est doté de pouvoirs d'exécution: si la moindre chose ne correspond pas à ses critères de propreté, il exigera une mesure de redressement immédiate.

L'entretien s'étend aussi à l'environnement extérieur immédiat. Par exemple, le stationnement sera toujours dégagé et déneigé l'hiver et l'entrée doit être antidérapante pour éviter les chutes accidentelles. La pelouse sera toujours tondue et le terrain sera nettoyé régulièrement au cours de la journée afin de retirer les papiers et déchets de tous genres qui peuvent s'y trouver. Toutes ces tâches incombent au franchisé, et il est tenu de les exécuter.

5.4.2 La prévention avant les réparations

Le franchisé est responsable de l'état matériel de ses lieux commerciaux. La plupart des sociétés de franchisage incluent dans leurs contrats une clause d'entretien et de réparation. Au bout d'un certain temps, les franchisés sont obligés d'adopter les mesures nécessaires pour pallier la détérioration des lieux. Bien que le franchisé défraie la totalité de ces coûts, le franchiseur prendra quelques précautions en fournissant le matériel pour des travaux d'appoint: peinture, réparation et examen de l'équipement et des lieux.

Si les réparations ou rénovations sont occasionnées par un changement radical de la politique d'aménagement du franchiseur, alors les frais seront probablement partagés.

5.5 Les promotions

Les promotions sont l'arme offensive privilégiée du plan de commercialisation. Les stratégies et tactiques de marketing sont montées de toutes pièces par une équipe d'experts munis des dernières statistiques et d'informations recueillies à la base chez les franchisés. Comme un plan global d'attaque, chaque promotion est une bataille planifiée très longtemps à l'avance: Fête des Mères, des Pères, Noël, Pâques, etc.

Tous les franchisés, sans exception, doivent participer à ces campagnes promotionnelles pour la simple raison qu'elles sont appuyées par un *blitz* publicitaire à l'échelle nationale. Par conséquent, les consommateurs s'attendent à ce que le produit en promotion soit disponible dans n'importe quel établissement commercial arborant la bannière du franchiseur.

Une promotion signifie une augmentation de la clientèle; une promotion efficace peut se traduire par l'arrivée massive de nouveaux clients. Cette situation suppose un minimum de préparatifs logistiques. De toute évidence, chaque franchisé devra maintenir un inventaire suffisant pour répondre à la demande accrue du produit en promotion. Un client qui ne trouve pas ce qu'il veut parce que les stocks sont épuisés développe une certaine frustration. Comme un plus un font deux, un client frustré est un client perdu! Si on multiplie ce cas par une centaine d'autres, et que l'on applique la logique géométrique de la propagation du bouche à oreille, alors les effets peuvent être désastreux pour l'image d'une franchise.

Les ruptures de stocks sont inexcusables et impardonnables. S'il n'y a pas de coupable, il y aura toujours un bouc émissaire et, au bout du compte, quelqu'un sera tenu responsable.

5.6 Gestion du personnel

Personne ne connaît mieux son fils qu'un père. Ceci est vrai aussi pour le franchisé et tous ses employés. Le franchiseur joue le rôle d'un parrain bienveillant, il n'intervient que pour le baptême du feu, pour la formation professionnelle des employés, et lorsque les choses vont vraiment très mal. Le franchisé s'occupe du reste: embauche, salaires, horaires, conditions de travail, etc.

Exemple: Académie Jean-Guy Leboeuf

Jean-Guy Leboeuf, célèbre conférencier et motivologue, oeuvre dans le domaine de la formation depuis 1954. Ses franchises dispensent des cours intensifs sur la vente et sur l'art de parler en public. Il est entendu que le franchisé devra se plier à un programme de formation pour bien comprendre la méthode et être en mesure de bien transmettre le contenu du cours. Ainsi, en plus d'assister comme participant ou co-animateur à différents séminaires de formation dispensés par M. Leboeuf lui-même, le franchisé aura aussi droit à trente heures de formation complémentaires. Même après avoir commencé à donner des cours, le franchisé devra aussi participer de temps à autre à certaines sessions de formation et de perfectionnement.

Comme l'éducation d'un enfant, la gestion du personnel n'est pas quelque chose de théorique, elle relève des relations entre êtres humains. Qui dit relations, dit communication, or, il n'y a pas de communication sans dialogue. Pour maintenir un climat de dialogue favorable, le franchisé devra inclure un mot clé dans son vocabulaire: compromis.

Le compromis est la base essentielle d'une entente, lorsque deux parties se rejoignent à mi-chemin. Facile à dire, mais pas si facile à faire! Le franchisé devra se rappeler en tout temps que ce qui devrait le préoccuper par-dessus tout, c'est le rendement de ses employés. Il est difficile de structurer ce genre de comportement. S'il veut la paix au travail et un rendement élevé chez ses employés, le franchisé devra céder sur certains points afin de récompenser leur dévouement et leur ardeur: congés rotatifs, primes, conditions de travail, heures semi-flexibles, employé du mois, etc.

L'employé est le lien direct avec la clientèle; s'il est de mauvaise humeur, mécontent de ses conditions, ou simplement indifférent aux aspirations de son employeur, le client le sentira d'une manière ou d'une autre, et il n'existe rien de plus désagréable qu'un vendeur ou un serveur grognon.

5.7 Inspection et supervision

Parfois, les termes «inspection» et «supervision» éveillent chez les franchisés des craintes d'inquisitions pernicieuses. Bien au contraire, les membres de l'équipe d'inspection et de supervision du franchiseur, les superviseurs-conseils, ont pour fonction d'aider les franchisés à mieux administrer et opérer leur franchise. Le tout en accord avec la formule du franchiseur.

La relation de franchisage se fonde sur l'union des intérêts; on évite dans la mesure du possible les confrontations. Dans cette perspective, le franchiseur a tout intérêt à jouer la carte de la diplomatie et de la coopération. Il mettra à la disposition des franchisés tous les outils de gestion nécessaires au bon fonctionnement d'une franchise. Cet appui soutenu se traduira par des profits accrus pour le franchiseur et les franchisés.

5.7.1 La fréquence du soutien

Le soutien du franchiseur se matérialise sous plusieurs formes. D'abord, les superviseurs-conseils s'assurent que tous les éléments de la formule sont respectés intégralement. Le contrat de franchise, de par sa nature même, crée d'ailleurs une obligation à cet effet pour le franchisé.

Le franchiseur maintient le monopole de décision sur la structure des prix. Ceux-ci sont les mêmes dans toutes les franchises; cependant, il arrive parfois qu'une concurrence locale force les prix à baisser, c'est la société mère qui aura le dernier mot.

La relation de franchisage est caractérisée aussi par un flux d'informations constant. Les échanges d'informations se font de la base de la pyramide jusqu'au sommet et puis inversement. C'est une structure solide et fluide à la fois. Solide, parce que le sommet de la pyramide assoit son pouvoir et sa force sur l'expérience et la richesse de la base; fluide, parce que la base jouit des connaissances professionnelles du sommet sans le moindre heurt hiérarchique.

L'élément conducteur dans cette relation est bien sûr le superviseur-conseil. Ce dernier recueillera dans les moindres détails les remarques, les opinions et les découvertes de chaque franchisé. Puis, il reviendra avec le *feedback* du sommet et transmettra aux franchisés les derniers développements de l'industrie, en soulignant les forces et les faiblesses de son établissement.

La fréquence de ces visites varie énormément d'une société à l'autre. Les variables considérées sont le budget, le nombre de franchises, le nombre de superviseurs-conseils, etc. Toutefois, règle générale, pour éviter la cession ou la dérive d'un établissement, on tente de visiter les membres du réseau au moins une fois par mois. Mais attention, les visites du superviseur-conseil seront parfois punitives. Par exemple, si le franchiseur décèle une négligence quant à l'entretien, la vente de produits non autorisés, un bris de contrat, etc. le superviseur-conseil se charge de la mise en pratique des mesures correctives.

5.7.2 Les rapports

Dans les chapitres précédents, la question des rapports fut partiellement abordée. Rappelons ici que chaque société possède ses directives propres. Cependant, toutes attachent une très grande importance à la rédaction des rapports.

La plupart d'entre elles exigent que le franchisé remplisse assidûment les livres comptables. Cette activité sera doublée par l'établissement d'un état financier mensuel et d'un compte rendu détaillé de la performance et de l'état des équipements.

Ces rapports permettront au franchiseur de former une base de données à partir de laquelle il pourra extrapoler pour les prévisions de vente. Par ailleurs, il sera possible d'établir des comparaisons entre les différents établissements du réseau versus l'industrie, les concurrents et les franchisés eux-mêmes. Ensuite, le franchiseur cherchera à expliquer par une analyse comparative les écarts de certains franchisés par rapport à la moyenne de revenus. Son analyse se raffinera de plus en plus pour enfin toucher les localités.

Certains franchisés auront en aversion, négligeront ou, pis encore, refuseront d'accomplir cette corvée administrative. Or, *primo*, ils seront obligés par le contrat de s'y plier; *secundo*, l'impact sur la gestion de l'établissement sera largement positif. En effet, chaque document soigneusement analysé permettra peut-être au franchiseur de déceler un problème mineur qui aurait pu dégénérer en catastrophe.

Tableau 5.1 Quelques aspects administratifs et opérationnels souvent réglementés par le franchiseur

1- Agencement intérieur

2- Fournisseurs et gammes de produits offerts

3- Modes et procédures pour:
   - le placement des commandes
   - la réception de la marchandise
   - l'accusé de réception de la marchandise

4- Modes de fixation des prix et politiques d'étiquetage

5- Normes d'opération et de fabrication

6- Procédure de facturation

7- Modalités de paiement

8- Normes de propreté, tenue vestimentaire des employés

9- Respect des promotions

10- Niveaux d'inventaires

11- Utilisation de la bannière et des marques de commerce

12- Méthodes de comptabilisation

13- Choix de la firme comptable

14- Méthodes de contrôle interne, financier, de qualité

15- Mesures de sécurité

16- Entretien, prévention, réparations

17- Relations publiques

18- Formation du personnel

19- Procédures d'enquête de crédit

20- Utilisation du crédit

Tableau 5.2 Exemples de documents que le franchiseur peut exiger du franchisé

	Quotidien	Hebdo	Mensuel	Annuel
1. Rouleaux de caisse	X			
2. Décompte de caisse	X			
3. Ventilation des ventes par produits	X			
4. Répartition des ventes par quart de travail	X			
5. Conciliations bancaires			X	
6. Comptes payables		X	X	
7. Journal des salaires		X	X	
8. Revenus et dépenses (prévisionnels-réels)		X	X	X
9. État des résultats			X	X
10. Budgets d'opération			X	X
11. Bilan			X	
12. Fiche-employés		X	X	

Chapitre VI

L'analyse financière

6.1 Analyse de rentabilité

    6.1.1 L'information requise pour cette étude

    6.1.2 Comment constituer un dossier d'analyse
de rentabilité

        6.1.2.1 État prévisionnel des résultats

        6.1.2.2 Les bilans d'ouverture

        6.1.2.3 État de l'évolution de la situation financière

    6.1.3 Les détails du budget

    6.1.4 Les renseignements complémentaires

6.2 Les différents modes et sources de financement

    6.2.1 La marge de crédit bancaire

    6.2.2 L'hypothèque sur l'immobilier et les prêts à terme

    6.2.3 Le nantissement commercial

    6.2.4 Le financement des stocks

    6.2.5 Le crédit-bail (le *leasing*)

    6.2.6 Crédit aux concessionnaires

    6.2.7 Les actions privilégiées

    6.2.8 Les actions ordinaires

    6.2.9 Les investisseurs extérieurs

    6.2.10 Les employés

    6.2.11 Les associés

    6.2.12 Les fournisseurs

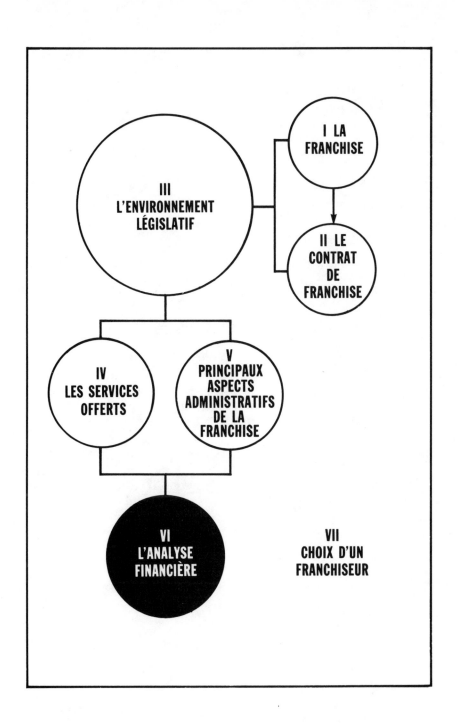

Ne mettez pas votre confiance dans l'argent,
mais mettez votre argent en confiance.

O.-W. Holmes, *L'autocrate à la table d'hôte.*

Le premier objectif du futur franchisé est de faire fructifier son investissement. Le plus sûr moyen d'y arriver sera d'analyser en détail les projections financières présentées par le franchiseur. Le présent chapitre vous fournira les informations financières dont vous aurez besoin dans votre démarche d'achat, ce qui, par la même occasion, permettra de vous familiariser avec les techniques comptables nécessaires à la bonne compréhension de l'évolution financière de votre future franchise. Nous vous présenterons ensuite les différents modes et sources de financement auxquels vous pourrez avoir recours pour parachever votre transaction.

6.1 Analyse de rentabilité

En tant qu'investisseur, le futur franchisé devra se procurer toute l'information financière pertinente pour compléter une étude sérieuse de la rentabilité de l'établissement proposé par le franchiseur.

La pertinence de cette analyse sera directement liée à l'exactitude des chiffres fournis par le franchiseur.

6.1.1 L'information requise pour cette étude

Le franchisé s'assurera que tous les renseignements suivants sont fournis par le franchiseur:

- frais fixes;
- coût des royautés ou redevances en pourcentage du chiffre d'affaires;
- coût de la publicité en pourcentage du chiffre d'affaires;
- coût de la main-d'oeuvre en pourcentage du chiffre d'affaires;
- coût des ventes en pourcentage du chiffre d'affaires;
- frais d'organisation;
- coût de l'inventaire de départ;
- coût des immobilisations;
- frais variables en pourcentage du chiffre d'affaires;
- coût total de la franchise;
- projection des ventes pour les années futures.

6.1.2 Comment constituer un dossier d'analyse de rentabilité

Le dossier d'analyse de rentabilité est un document financier unique et fort utile. Grâce à lui, le futur franchisé pourra mieux évaluer les risques inhérents à l'investissement ainsi que le revenu potentiel qu'il pourra en tirer. Une préparation soignée et rigoureuse est essentielle, car ce document servira ultérieurement aux institutions bancaires qui étudieront vos possibilités d'emprunt.

Il faudra inclure dans le dossier:

- des bilans prévisionnels et d'ouverture;
- un budget opérationnel pour la première année;
- un état global de l'évolution financière.

6.1.2.1 État prévisionnel des résultats

L'élément clé de l'analyse de rentabilité est l'état prévisionnel des résultats. À partir des projections de vente, le futur franchisé retranchera tous les frais encourus, tels que le coût des ventes, les frais variables, fixes, financiers et d'opération, pour estimer le bénéfice net du premier exercice financier.

Le taux de bénéfice net après impôt sur les ventes sera décisif dans l'évaluation de la rentabilité de l'établissement franchisé.

Voici un exemple d'état prévisionnel des résultats d'une franchise fictive dans le secteur de la restauration rapide.

Tom L'Homme Burger
État prévisionnel des résultats

	%	Prévisionnel 1 an
Ventes	100,0	1 250 000$
Coût des ventes	54,0	675 000
Bénéfice brut	46,0	575 000
Dépenses		
Frais variables d'opération	6,2	77 000
Frais fixes	27,4	342 550
Frais financiers	2,5	31 600
Redevances	3,0	37 500
	39,1	488 650
Bénéfices avant dépenses d'organisation et impôts sur le revenu	6,9	86 350
Dépenses d'organisation*	3,9	49 000
Bénéfice avant impôts sur le revenu	3,0	37 350
Impôts sur le revenu	,6	7 000
Bénéfice net de l'exercice	2,4	30 350
Bénéfices non répartis début	0	0
Bénéfices non répartis fin	2,4	30 350 $

* Tenir compte du fait que cette dépense d'organisation ne se répétera pas au prochain exercice financier, ce qui a pour effet d'augmenter le bénéfice net.

6.1.2.2 Les bilans d'ouverture

À présent, il sera question des bilans d'ouverture et des bilans prévisionnels, toujours illustrés par le même exemple. Ces bilans sont ventilés de manière à pouvoir évaluer les besoins financiers, soit les fonds nécessaires aux opérations et l'allocation optimale de ces mêmes ressources aux différents départements. En somme, ce bilan est une photographie de la situation financière globale.

Tom l'Homme Burger
Bilan d'ouverture et bilan prévisionnel pour l'année

	Ouverture	Prévisionnel
Actif		
Disponibilités (court terme)		
Encaisse	7 500	108 250
Comptes clients	-----	5 500
Stocks	15 000	18 000
Frais imputables au prochain exercice	5 000	-----
	27 500	131 750
Immobilisations au coût, moins amortissement accumulé	282 500	254 250
Autres actifs	76 000	25 750
	386 000 $	411 750 $
Passif		
Exigibilités (court terme)		
Comptes fournisseurs et frais courus	-----	18 000
Tranche de la dette à long terme échéant à court terme	22 600	22 600
	22 600	40 600
Dette à long terme	203 400	180 800
Avoir des actionnaires		
Capital-actions	160 000	160 000
Bénéfices non répartis	-----	30 350
	386 000 $	411 750 $

6.1.2.3 État de l'évolution de la situation financière

L'état de l'évolution de la situation financière permettra au franchisé de déterminer les mouvements de trésorerie. En d'autres mots, cet état rendra compte de la provenance et de l'utilisation des fonds, de sorte qu'il pourra évaluer les mises de fonds nécessaires à la création d'un fonds de roulement à la mesure de son commerce.

Reprenons l'exemple de *Tom l'Homme Burger*:

Tom l'Homme Burger
État de l'évolution de la situation financière
Ouverture, prévisionnel, année 1

	Ouverture	Prévisionnel année 1
Provenance des fonds:		
Bénéfice net de l'exercice	---$	30 350$
Éléments n'affectant pas le fonds de roulement:		
— amortissement des immobilisations	---	28 250
— amortissement du droit d'entrée	---	1 250
— imputation aux dépenses des frais d'organisation	---	49 000
	---	108 850
Autres sources de fonds:		
Emprunt à long terme	226 000	---
Émission d'actions	160 000	---
	386 000	108 850
Affectation des fonds:		
Acquisition d'immobilisations	282 500	---
Acquisition de la franchise	25 000	---
Paiement des dépôts sur utilités	2 000	---
Paiement des frais d'organisation	49 000	---

Transfert de la portion à court terme de dettes à long terme	22 600	---
Paiement des dettes à long terme	---	22 600
	381 100	22 600
Augmentation (diminution) du fonds de roulement	4 900	86 250
Fonds de roulement au début	---	4 900
Fonds de roulement à la fin	4 900	91 150
Fonds de roulement		
Actif à court terme	27 500	131 750
Passif à court terme	(22 600)	(40 600)
	4 900 $	91 150

6.1.3 Les détails du budget

En annexe, le futur franchisé détaillera le coût des ventes, les frais variables, les frais fixes, les frais financiers et les frais d'organisation. Le détail portera aussi sur l'état prévisionnel des ventes brutes totales dans le but d'établir des comparaisons mensuelles et annuelles.

Tom l'Homme Burger
Annexes au budget

	%	Prévisionnel
Annexe A — Coût des ventes		
Coût des marchandises vendues	36,0	450 000 $
Main-d'oeuvre directe	18,0	225 000
	54,0	675 000
Annexe B — Frais variables d'opération		
Avantages sociaux	1,0	12 000
Fournitures	0,9	11 250
Ustensiles	0,3	3 750

Entretien ménager	0,3	3 750
Détergent à vaisselle	0,5	6 250
Escompte de volume	0,1	1 250
Emballage	3,1	38 750
	6,2	77 000

Annexe C — Frais fixes

Loyer (redevances)	7,0	87 500
Services publics	0,2	2 500
Taxe et permis	0,7	8 750
Assurances	0,4	5 000
Entretien et réparations	0,7	8 750
Électricité et chauffage	1,9	23 750
Salaires administration	1,7	20 800
Salaires employés de bureau	0,8	10 400
Salaires gérance	4,1	51 250
Avantages sociaux	0,3	3 400
Commission des normes	0,1	1 250
Publicité fonds commun	2,0	25 000
Publicité locale	1,7	21 250
Promotion	0,4	5 000
Amortissement du droit d'entrée	0,1	1 250
Amortissement	2,3	28 250
Location d'équipement	0,1	1 250
Entretien du linge	0,6	7 500
Téléphone	0,2	2 500
Papeterie et frais de bureau	0,6	7 500
Surplus-découvert de caisse	---	100
Transport	0,1	500
Frais de cartes de crédit	0,3	3 750
Frais d'informatique	0,1	1 800
Honoraires professionnels	0,7	8 700
Autres	0,1	1 250
Frais de déplacement	0,3	3 600
	27,5	342 550

Annexe D — Frais financiers

Frais de banque	0.1	600
Frais de finance	2.5	31 000
	2.6	31 600

Annexe E — Frais d'organisation

Honoraires	25 000
Salaires et avantages sociaux	14 000
Formation du personnel	10 000
	49 000 $

6.1.4 Les renseignements complémentaires

Toujours en annexe, le futur franchisé inclura une rubrique «renseignements complémentaires» qui apportera des précisions sur la valeur des états et bilans précédents.

Reprenons, encore une fois, l'exemple de *Tom l'Homme Burger*.

Tom l'Homme Burger
Renseignements complémentaires

1. La liste de toutes les marchandises requises pour le bon fonctionnement de l'entreprise est fournie par le franchiseur.
2. Les postes assurances, taxes, etc. sont basés sur les soumissions des fournisseurs.
3. Le franchiseur fournit une liste complète de l'équipement requis ainsi que des coûts relatifs.
4. Le financement de l'équipement est fixé à 80% du coût total de l'équipement, soit: (282 500 $ x 80%) 226 000 $; ce montant est réparti de la manière suivante:

À court terme (1 an)	22 600 $
À long terme	203 400

Le court terme représente le montant en capital remboursable dans les douze mois à venir.

5. Le montant de capital requis représente les actifs totaux requis pour ouvrir le commerce moins l'emprunt négocié.

Actif total	386 000 $
Emprunt	226 000
Capital requis	160 000 $

6. L'état de l'évolution de la situation financière reflète tous les mouvements d'argent. Les recettes égalent les emprunts plus le capital. Les déboursés équivalent aux paiements des actifs.

7. Normalement, le budget est établi pour 12 mois ou 13 périodes de 4 semaines; le budget est préparé pour chacune de ces périodes.

8. Le franchiseur remet des statistiques qui permettent d'évaluer le potentiel annuel et le pourcentage de ventes par période.

   Exemple: Période 1: égale 6% des ventes totales.

   Période 2: égale 6,25% des ventes totales.

   Période 9: égale 9,40% des ventes totales.

   Le total des périodes égale 100% des ventes totales.

9. Les coûts des marchandises et de la main-d'oeuvre sont obtenus à partir de pourcentages fournis par le franchiseur. Dans l'exemple donné, 36% s'applique au coût des marchandises et 18% à la main-d'oeuvre; ces frais sont basés sur un pourcentage par rapport aux ventes totales.

10. Exemples de postes des coûts fixes: services publics, taxes, salaires des employés de bureau, téléphone, etc.; ces postes sont considérés comme des dépenses fixes et seront les mêmes quel que soit le niveau des ventes atteint. Cependant, le loyer sera fixe sauf si les ventes excèdent un certain montant; par exemple, le loyer sera de 7 000 $ par mois ou de 7% des ventes brutes, le plus élevé des deux montants étant retenu.

11. Certains postes parmi les frais fixes varieront selon les ventes. Par exemple, l'entretien et la publicité commune.

6.2 Les différents modes et sources de financement

Maintenant que le futur franchisé s'est familiarisé avec les principes et mécanismes comptables de la franchise, il serait intéressant de présenter brièvement les différents modes de financement qu'il pourra utiliser, ainsi que les sources de financement qui lui permettront d'obtenir le capital nécessaire à l'opération de sa franchise.

6.2.1 La marge de crédit bancaire

L'emprunteur offre ses actifs à court terme comme garantie: comptes débiteurs et inventaires. Cette forme de financement est la moins dispendieuse car elle offre aux banques d'excellentes garanties de liquidité. Le montant du prêt se situe généralement à l'intérieur d'une fourchette de 50 à 75% de la valeur des comptes débiteurs.

6.2.2 L'hypothèque sur l'immobilier et les prêts à terme

Outre le fait que les banques à charte constituent la source de financement à court terme la plus répandue auprès des entreprises canadiennes, elles consacrent également une partie de leurs activités aux prêts à long terme, mais ce sont les sociétés de fiducie qui se spécialisent surtout dans le prêt hypothécaire. De toute évidence, elles attachent une grande importance à la valeur des actifs immobiliers.

En principe, elles liquident rarement les terrains et bâtiments saisis à perte, car elles sont en bonne posture pour attendre la meilleure offre. Les sociétés de prêts hypothécaires accordent une somme oscillant entre 70 et 80% de la valeur des actifs immobiliers placés en garantie.

Les taux d'intérêt et la durée d'un prêt à terme suivent de très près l'évolution économique. De nos jours, la durée d'une entente est de cinq à dix ans, au bout de laquelle les conditions d'emprunt seront renégociées à moins que la totalité du capital ne soit remboursée.

6.2.3 Le nantissement commercial

Pour ce type de financement, il faudra faire appel à une institution financière telle que Roynat Inc., CAC, la Banque Continentale et la Banque Fédérale de développement (BFD). Ces différents organismes consentent presque exclusivement des prêts pour l'équipement, la machinerie et l'outillage. Généralement, le montant du prêt est plus élevé et les taux d'intérêt plus bas si les équipements convoités sont polyvalents. L'inverse se produit dans le cas d'équipements spécialisés. Ainsi, le montant du prêt peut atteindre 50% de la valeur d'achat, tandis que pour les équipements polyvalents le montant peut totaliser 80%.

6.2.4 Le financement des stocks

Un nombre toujours croissant de quasi-banques (institutions bancaires sans charte) offrent des services de financement des stocks. De manière générale, ces institutions considèrent que les inventaires sont infiniment moins liquides que les comptes-clients. La preuve flagrante est vécue péniblement dans les ventes de liquidation. En effet, la plupart des inventaires sont liquidés à 25% de leur valeur. Il est donc clair que les quasi-banques ne peuvent pas offrir un prêt qui excède 50% de la valeur des stocks.

6.2.5 Le crédit-bail (le leasing)

Le crédit-bail est une forme populaire de financement des actifs. Plusieurs sociétés oeuvrent dans ce domaine et toutes les banques à charte sont impliquées dans cette activité. Le crédit-bail représente un choix intéressant pour les entrepreneurs incapables de débourser des sommes trop importantes pour des bâtiments et de l'équipement très onéreux. Les rouages en semblent complexes, mais ce n'est qu'une apparence.

Le fonctionnement est simple. Une tierce partie est propriétaire des biens d'équipements, elle les finance et les loue pour une certaine période, avec ou sans clause d'achat. Généralement, les taux d'intérêt se comparent aux taux préférentiels bancaires. La durée de l'entente peut affecter le coût du bail. La variable à retenir lorsqu'on fait des soumissions à diverses sociétés est le montant du loyer mensuel.

6.2.6 Crédit aux concessionnaires

Ce mode de financement s'applique surtout aux propriétaires d'entreprises pour qui l'exposition en salle de montre joue un rôle important (ex.: concessionnaires d'automobiles, véhicules récréatifs saisonniers: motoneiges, motocyclettes, etc.). Le fabricant assure le financement de la marchandise en démonstration et du stock de base par l'intermédiaire d'une tierce partie (banque) qui, à son tour, facture le distributeur ou le commerçant.

6.2.7 Les actions privilégiées

Lorsqu'une entreprise à court de financement place tous ses actifs en gage pour obtenir l'appui financier de certains créanciers, elle possède deux choix pour créer de nouveaux fonds: l'émission d'actions privilégiées et l'émission de débentures (hypothèques commerciales).

Les actions privilégiées se présentent sous plusieurs formes. Elles se différencient des actions ordinaires en offrant aux détenteurs la possibilité de recevoir des dividendes de manière privilégiée.

6.2.8 Les actions ordinaires

Cette forme de financement constitue pour l'investisseur le risque le plus élevé qu'il peut courir, de sorte que le rendement sur son capital peut atteindre des niveaux très élevés.

La valeur des actions ordinaires est le reflet de la performance d'une entreprise. Plus elle se porte bien, plus les dividendes versés aux actionnaires sont élevés, et si cette croissance est soutenue, la valeur de chaque action peut subir une augmentation sensible. Bien sûr, c'est l'éventualité d'un doublement ou d'un triplement du capital investi qui attire la majorité des investisseurs.

L'entreprise qui décide de recourir à la capitalisation extérieure franchit un seuil sans retour. Une fois publique, l'entreprise perd une partie de sa marge de manoeuvre, quoique, parfois, il soit préférable de contrôler 60% d'une entreprise rentable que 100% d'une entreprise en difficulté. Toutefois, si une entreprise a épuisé tous les autres modes de financement, l'émission d'actions est la seule solution.

En plus des institutions financières dont nous venons de parler (banques à charte, sociétés de fiducie, quasi-banques, sociétés de crédit-bail, etc.), il existe d'autres éléments sur lesquels nous pourrions jeter un coup d'oeil, car ils constituent également des sources appréciables de financement.

6.2.9 Les investisseurs extérieurs

Cette classe d'investisseurs dispose généralement de sommes intéressantes, particulièrement les consortiums de professionnels, tels que les avocats, médecins, ingénieurs, qui cherchent toujours des nouveaux moyens pour faire fructifier leurs économies et les tenir hors de portée du fisc.

Dans une autre catégorie, on peut mentionner les amis personnels et professionnels, les membres de la famille et bien sûr les individus fortunés. En général, les consortiums de professionnels et tous les autres investisseurs extérieurs réclament un morceau du capital-actions et veulent être tenus au courant de l'évolution de l'entreprise. Parfois, si leurs champs de compétence le permettent, ils pourront aider à la gestion de l'entreprise.

6.2.10 Les employés

On entend par employés, des individus oeuvrant depuis longtemps au sein de l'entreprise, qui, en général, occupent des postes de cadres et à qui on doit être prêt à révéler des renseignements confidentiels. Leur apport dans l'entreprise ne constitue pas une mise de fonds très importante, mais le fait de participer au financement de la firme peut les amener à devenir beaucoup plus productifs.

6.2.11 Les associés

Ils s'apparentent aux employés, mais détiennent généralement une bonne part du capital-actions. Ils amènent de plus à l'entreprise leur expertise en gestion. Parfois, il ne s'agit que de partenaires financiers.

6.2.12 Les fournisseurs

Qui n'a jamais entendu parler des conditions de crédit 2/10 n 30! La condition la plus reconnue signifiant qu'un escompte de 2% est consenti si la facture est acquittée dans les dix jours, et le montant de la facture est exigible trente jours après la réception de la marchandise, sans porter d'intérêt avant trente jours.

Le crédit peut également porter sur une période de quatre-vingt-dix ou cent vingt jours. En général, ces conditions de crédit sont négociées avec les principaux fournisseurs de l'entreprise sur une base permanente, saisonnière ou occasionnelle.

Le dépôt en consignation est une autre forme de crédit: on ne paye que les marchandises vendues et l'excédent de stock est retourné au fournisseur après un certain laps de temps.

Chapitre VII

Comment choisir une franchise

7.1 Analysez, comparez et ensuite achetez

    7.1.1 La démarche à suivre

7.2 Analyse du franchisé potentiel

    7.2.1 Profil personnel et psychologique
    7.2.2 La situation financière
    7.2.3 La gestion

7.3 Connaître à fond le franchiseur

    7.3.1 Évaluation du franchiseur
    7.3.2 Aspect commercial
    7.3.3 Aspect financier
    7.3.4 Étude complète du produit et de son marché

7.4 L'évaluation du réseau de franchisage

    7.4.1 La franchise-pilote
    7.4.2 Les franchisés
    7.4.3 La formation

        7.4.3.1 La formation initiale
        7.4.3.2 La formation permanente

    7.4.4 Le côté financier

        7.4.4.1 La mise de fonds
        7.4.4.2 Les droits d'entrée
        7.4.4.3 Les redevances

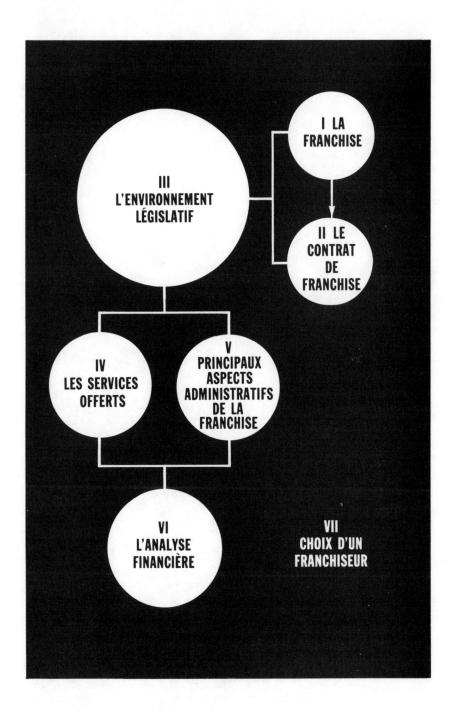

159

Le trop d'expédients peut gâter une affaire: on perd du temps au choix, on tente, on veut tout faire. N'en ayons qu'un, mais qu'il soit bon.

La Fontaine, *Fables, Le chat et le renard.*

Si vous souhaitez vous lancer en affaires, comme nous vous l'avons mentionné au chapitre premier de ce livre, trois avenues s'offrent à vous:

. l'achat d'une franchise;
. le lancement de votre propre entreprise;
. l'acquisition d'une entreprise déjà en opération.

Nous vous avons déjà décrit les avantages et les inconvénients que comporte chacune de ces options. Mais il n'en reste pas moins que chaque investisseur, nonobstant le contexte dans lequel il se trouve, a ses raisons particulières pour vouloir acheter une franchise. Il appert que, règle générale, elles se rejoignent toutes sur deux points essentiels: la sécurité du placement et le risque inhérent, ainsi que la rentabilité du placement et le rendement sur l'investissement.

Bien sûr, ce ne sont pas les deux seuls facteurs à considérer, il en existe plusieurs autres: la réputation du franchiseur, les succès précédents, le *franchise package*, etc. Plus concrètement, le futur franchisé ne doit absolument pas se presser de prendre une décision. Il est facile de succomber aux avances inlassables et aux

161

Tableau 7.1 Démarche d'achat d'une franchise

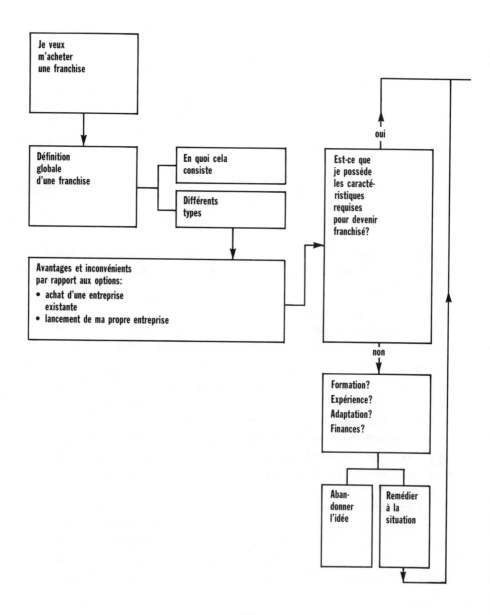

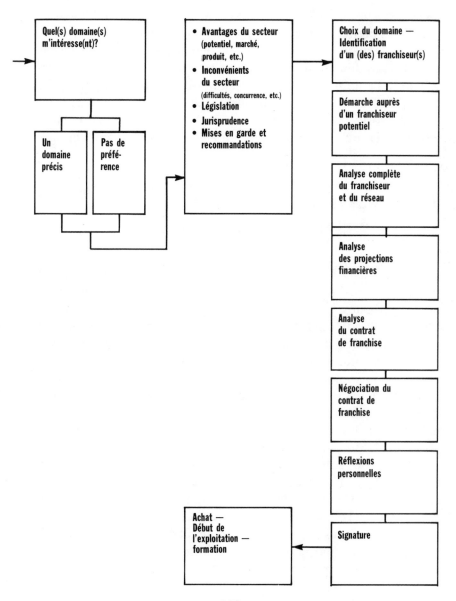

Quel(s) domaine(s) m'intéresse(nt)?

Un domaine précis

Pas de préférence

- **Avantages du secteur** (potentiel, marché, produit, etc.)
- **Inconvénients du secteur** (difficultés, concurrence, etc.)
- **Législation**
- **Jurisprudence**
- **Mises en garde et recommandations**

Choix du domaine — Identification d'un (des) franchiseur(s)

Démarche auprès d'un franchiseur potentiel

Analyse complète du franchiseur et du réseau

Analyse des projections financières

Analyse du contrat de franchise

Négociation du contrat de franchise

Réflexions personnelles

Signature

Achat — Début de l'exploitation — formation

163

promesses alléchantes des vendeurs de franchises. Or, il faut résister et demeurer rationnel en tout temps. L'industrie du franchisage est un véritable supermarché de bonnes affaires. Pour obtenir la meilleure franchise, celle qui répond parfaitement à vos aspirations personnelles, ou à vos contraintes financières, il faut magasiner. Rassurez-vous, ce n'est pas le choix qui manque.

Dans cette optique, ce chapitre est particulièrement crucial. Nous vous avons fourni tous les éléments essentiels pour entreprendre vos démarches auprès d'un franchiseur. Ce chapitre servira de toile de fond pour la présentation d'un plan d'action utile pour l'analyse et la sélection finale d'une franchise, qui sera en quelque sorte faite sur mesure, selon vos exigences. Le présent chapitre servira aussi de conclusion au volume sur le franchisage.

7.1 Analysez, comparez et ensuite achetez

7.1.1 La démarche à suivre

Nous vous proposons ici une démarche rationnelle ainsi qu'une série de questions auxquelles vous devrez répondre en tant qu'acheteur potentiel d'une franchise. Cette démarche proposée représente UNE des façons possibles d'aborder le problème et nous ne prétendons pas qu'elle soit la meilleure. C'est au mieux de notre connaissance que nous vous exposons un schéma à suivre, mais nous ne pouvons garantir le succès de votre entreprise. Chaque cas est unique et chaque cas nécessite une étude particulière, mais le futur franchisé a tout intérêt à s'inspirer des idées présentées dans le présent chapitre.

Nous vous soumettons donc, au départ, un schéma synthèse illustrant les différentes étapes à franchir avant d'en arriver à l'achat d'une franchise. Notons que ce tableau a servi, à toutes fins utiles, à l'élaboration de ce volume, et que le plan d'action que nous vous présentons est le détail des trois étapes fondamentales faisant partie de l'encadré (voir tableau).

Avant de prendre la décision d'acheter une franchise, il est fondamental d'analyser les trois composantes de la problématique, soit:

a) VOUS, en tant que futur franchisé;

b) LE FRANCHISEUR, en tant qu'entreprise ayant développé un réseau de franchises;

c) LE RÉSEAU, composé des différentes franchises en opération et les éléments du *franchise-package*.

Nous passerons donc en revue ces trois points qui seront accompagnés d'une analyse détaillée nécessaire à la prise de décision.

7.2 Analyse du franchisé potentiel

7.2.1 Profil personnel et psychologique

Avant de faire quoi que ce soit, il est sage que le futur franchisé dresse un profil honnête de sa personne. Il devra considérer son attitude personnelle, ses aspirations, sa famille, sa volonté, sa santé, etc. Surtout, il faut savoir si vous êtes prêt à vous soumettre aux règles et aux contrôles fréquents du franchiseur. Ceux pour qui se lancer en affaires signifie uniquement l'indépendance et l'autonomie dans l'action devront y réfléchir deux fois. En fait, le candidat idéal doit être en mesure d'assumer de lourdes responsabilités, prendre les bonnes décisions au moment opportun sans jamais violer les règles du franchiseur. Il doit en tout temps contenir son humeur afin de véhiculer une image de qualité et de courtoisie. Pour ceux dont l'ego prédomine et gouverne leur vie, la voie du franchisage n'est pas à conseiller. Le franchisé mégalomane ne s'entend jamais avec un franchiseur.

Voici quelques questions qui pourront vous aider à vous dépeindre de façon claire et honnête.

- Suis-je armé, physiquement et psychologiquement, pour être mon propre patron?
- Suis-je intellectuel ou manuel?
- Suis-je sociable?

- Puis-je fournir un effort soutenu pendant longtemps; en d'autres termes, suis-je travailleur?
- Aurais-je l'appui de ma famille pour me soutenir dans mes projets de franchisage?
- Qu'est-ce que je recherche exactement?
  - . une satisfaction professionnelle,
  - . une spéculation,
  - . une rémunération très importante,
  - . un investissement proprement dit de mon capital?
- L'objet de mon exploitation me plaît-il vraiment?

Il faut que vous soyez sûr de vous-même et de ce que vous recherchez. Il faut que vous soyez capable d'apprécier objectivement vos qualités et vos défauts en considération de chaque franchise.

7.2.2 La situation financière

Vous ne pouvez vous lancer dans l'achat d'une franchise sans un capital initial. Méfiez-vous de ces gens qui vous proposeront une bonne affaire en spécifiant qu'il ne vous en coûtera pas un sou, ou presque! Et aussi, méfiez-vous de ceux qui vous présenteront une franchise comme «un moyen facile de gagner de l'argent», car le principe selon lequel on ne gagne jamais *facilement* beaucoup d'argent vaut également pour le domaine du franchisage.

Suite à un examen personnel de son caractère psychologique, le candidat passera à l'étape suivante qui consiste à dresser un bilan financier de tous les capitaux à sa disposition. Vous pouvez à cette fin répondre aux questions suivantes:

1. Êtes-vous propriétaire de biens immobiliers (terrains, maisons, maisons à revenus, commerces, etc.)?
   Avez-vous une hypothèque sur un ou plusieurs de vos biens immobiliers? Si oui, quel est le montant que vous devez encore rembourser?
   Vos épargnes personnelles s'élèvent à combien?
   Vos placements garantis? Vos assurances?
   Jouissez-vous d'une bonne réputation auprès des banquiers?

166

2. De combien le total de vos avoirs dépasse-t-il le total de vos dettes?

Combien d'argent comptant pouvez-vous réunir pour l'achat d'une franchise?

Est-ce que cette mise de fonds répond au minimum exigé par le franchiseur pour faire face au fonds de roulement?

3. Êtes-vous conscient qu'au début il vous faudra peut-être sacrifier un style de vie (à moins d'avoir un revenu personnel élevé et des épargnes substantielles)?

Quel est votre budget mensuel minimum pour vivre?

. Loyer (hypothèque)	. Assurances
. Nourriture	. Loisirs
. Électricité, téléphone, chauffage	. Taxes
. Voiture (entretien et paiement)	. Autres

Le candidat fera le total de ces dépenses mensuelles et le multipliera par douze. Si ce dernier chiffre est inférieur aux revenus annuels évalués par le franchiseur, réfléchissez-y deux fois!

7.2.3 La gestion

Les franchiseurs sont toujours à la recherche de franchisés qui répondent parfaitement à leurs exigences les plus strictes. Ils considèrent plusieurs facettes du franchisé: sa personnalité, son comportement, sa capacité d'adaptation et ses qualités de gestionnaire. Ces deux dernières considérations sont étroitement liées. En effet, il est parfois préférable qu'un candidat possède seulement une expérience de base en gestion mais qu'il ait une très bonne capacité d'adaptation. Les franchiseurs sont très conscients qu'il est cent fois plus facile *d'endoctriner* un franchisé ayant peu ou pas d'expérience, qu'un autre qui a une bonne formation mais qui est farouchement attaché à ses vieilles habitudes de gestion.

À ce propos, voici une liste de questions auxquelles le candidat pourra répondre:

1. Avez-vous déjà géré un établissement?

Si oui, seriez-vous prêt à accepter les méthodes du franchiseur?

Si non, êtes-vous capable de les apprendre?

Est-ce que vous vous rendez compte qu'il vous faudra un jour mener la barque tout seul? Êtes-vous confiant?

Êtes-vous prêt à travailler cinquante heures et plus par semaine?

2. Votre expérience, si limitée soit-elle, correspond-elle au type de franchise que vous envisagez ou avez choisi?

Possédez-vous les talents d'un excellent dirigeant, à savoir ceux d'un vendeur, d'un négociateur et d'un gestionnaire?

Avez-vous le caractère nécessaire pour maintenir et accroître votre part de marché?

3. Serez-vous capable de contrôler vos frais d'opération et de générer des profits en respectant les contrôles sévères imposés par le franchiseur?

Les temps seront parfois difficiles. Est-ce que vos nerfs sont assez solides pour traverser ces périodes creuses?

7.3 Connaître à fond le franchiseur

Imaginez un instant que vous êtes affligé d'un malaise quelconque et que votre vie est en danger. Seulement un fou confierait son destin à un médecin sans expérience. On ne joue pas avec sa vie, il faut mettre toutes les chances de son côté. Le même raisonnement s'applique au choix d'une franchise. Celle que vous choisirez aura fait ses preuves: une société saine, prospère et rentable, bien structurée, solidement implantée et extrêmement bien secondée.

Vous avez donc atteint ce stade où vous devez identifier un secteur d'activités qui vous intéresse, et un franchiseur cible sur lequel vous pouvez vous pencher pour amorcer votre étude. Vous commencez donc votre travail de recherche par l'analyse complète du franchiseur cible, ainsi que de la franchise que vous êtes susceptible d'acheter.

En somme, il faut décortiquer l'état de la situation, ne rien omettre, examiner le moindre détail à la loupe. Pour cela, le candidat devra se poser trois séries de questions portant sur trois points cruciaux: l'évaluation du franchiseur, l'aspect commercial et l'aspect financier.

7.3.1 Évaluation du franchiseur

Quel est le pays d'origine de la société?

La société est en affaires depuis combien de temps?

Qui en sont les propriétaires?

Combien de magasins le franchiseur opère-t-il, depuis quand et dans quelle(s) région(s)?

Combien en a-t-il franchisé, depuis quand et dans quelle(s) région(s)?

Quelles sont leurs performances? Combien de franchises ont fermé leurs portes ou ont été vendues par la suite?

Quelle est l'implication du franchiseur dans la gestion quotidienne de la franchise?

Quel est le rythme de croissance de la société?

Le franchiseur est-il en litige devant les tribunaux? L'a-t-il déjà été? Pourquoi?

Quelle est la réputation du franchiseur au sein du marché?

7.3.2 Aspect commercial

Quelle est la part de marché du franchiseur dans son industrie?

Quel est son niveau de pénétration pour les segments de marché cibles?

Quel est le rythme de croissance des ventes depuis les cinq dernières années? La répartition par régions et les franchises les plus performantes?

Existe-t-il des sondages de maisons indépendantes qui déterminent le taux de satisfaction des consommateurs?

7.3.3 Aspect financier

La société possède-t-elle un personnel en finance compétent et ce dernier est-il doté de pouvoirs afin de résoudre certains problèmes financiers touchant les franchisés (*credit crunch*)?

Quel est le système de gestion conçu et utilisé dans le réseau des franchisés? Est-il fiable?

Si non, quelles mesures comptables et financières peuvent être prises?

Quel est l'encadrement général du franchiseur?

L'analyse ne se termine pas là. Le candidat devra par la suite exiger que le franchiseur fournisse les ratios financiers afin de comparer le niveau de rentabilité avec le reste de l'industrie (par exemple: Dun and Bradstreet), aussi bien pour la société que pour les franchisés. Ensuite, si c'est le cas, demandez au franchiseur quelques copies du bulletin d'informations de la société. Avec sa permission, demandez à rencontrer trois franchisés de votre choix, en affaires depuis au moins deux ans. S'il refuse, ou impose trois autres franchisés, posez-vous de sérieuses questions. En dernier lieu, le candidat tentera de cerner le *caractère psychologique du franchiseur*.

À la suite de plusieurs rencontres, vous pourrez correctement apprécier les compétences, les qualités et les points de friction du franchiseur. Ce dernier élément est vital, car dans un système de franchise, tout repose sur l'harmonie de la relation franchiseur-franchisé.

Si une entente préliminaire est faite, le franchiseur doit remettre au futur franchisé une pile imposante de dossiers. En voici une liste exhaustive:

- informations globales sur la franchise;
- un sommaire ou un document pro forma des engagements contractuels réciproques (le contrat de franchise et documents connexes);
- un sommaire des engagements financiers réciproques, à savoir: royautés, droits d'entrée, loyers, support publicitaire, apports de capital en cas d'expansion, inventaire total;
- une liste des franchisés en opération avec le nom des propriétaires et l'adresse du commerce;
- Un aperçu conservateur, c'est-à-dire le pire scénario envisageable, des revenus prévisionnels anticipés par le franchiseur d'après la performance des autres franchisés;

- les états financiers pro forma de la future franchise, de franchisés en opération et de la société;
- les manuels d'opération et d'instructions;
- Les plans et devis de construction;
- le cahier des charges;
- la réglementation commerciale;
- les ordonnances et règlements généraux du franchiseur;
- le répertoire complet de la gamme des produits et des services offerts au consommateur;
- le programme des services offerts par le franchiseur aux franchisés, ainsi que leurs coûts.

7.3.4 Étude complète du produit et de son marché

Dans ce domaine, le candidat d'une future franchise devra faire preuve de discernement. En commençant par se demander s'il existe une demande soutenue pour ce type de produit. Si c'est une franchise qui existe depuis assez longtemps, le franchiseur pourra répondre à toutes vos questions avec preuves à l'appui.

Toutefois, il serait sage de pousser vos recherches plus loin. D'abord, estimer la durée de vie du produit ou du service, puis déterminer s'il est dans sa phase de démarrage, d'expansion, de plafonnement ou de déclin. Ceci vous permettra de savoir si la durée de vie du produit est suffisante pour garantir une rentabilité continue de la franchise pendant la période du contrat. Si les résultats de vos recherches sont incertains, ou si les réponses du franchiseur s'avèrent floues et imprécises, orientez votre questionnaire dans une autre direction. Cherchez à connaître l'étendue et le budget d'opération du département de recherche et de développement et si ce département a déjà développé un produit de remplacement.

Voici encore quelques questions qui vous aideront à orienter votre plan d'analyse.

- Les produits sont-ils nouveaux?
- La franchise s'inscrit-elle dans un marché saturé ou dans un marché porteur de débouchés?

- Cette expansion de marché est-elle la conséquence d'une mode, est-elle simplement conjoncturelle et donc provisoire?
- Quel est le degré de concurrence du produit à commercialiser?
- Les prix des produits sont-ils concurrentiels?
- Cette compétitivité pourra-t-elle être maintenue?
- Quelle est la source d'approvisionnement des produits?
- Quelle certitude peut-on avoir de la durée, dans l'avenir, de cette source d'approvisionnement?
- Existe-t-il d'autres sources d'approvisionnement disponibles pour des produits de même qualité et de même prix?
- Ces produits sont-ils commercialisés par une marque?
- Existe-il un brevet d'invention pour la commercialisation de ces produits?
- Les fournitures du franchiseur sont-elles emballées correctement?
- Le franchiseur garantit-il le produit et existe-t-il un service après vente?
- Y a-t-il un risque de voir le fournisseur concurrencer le franchiseur et la franchise en créant sa propre chaîne de franchises?
- Quelle est la réputation (image de marque) du produit auprès du public?
- Quelle est la réputation du producteur ou du fournisseur?

Les mêmes interrogations se posent lorsqu'il s'agit d'une franchise dans le domaine des services, sauf pour quelques-unes d'entre elles bien spécifiques à la vente de produits.

7.4 L'évaluation du réseau de franchisage

Vous êtes maintenant en mesure de juger de vos capacités en tant que franchisé, vous avez, de façon exhaustive, évalué la situation globale du franchiseur potentiel; vous devez maintenant analyser les composantes constituant le réseau, soit le côté financier, le contrat de franchise, le territoire ainsi que le choix du site et l'aménagement du local, les approvisionnements, le prix de vente et les services d'aide fournis par le franchiseur.

7.4.1 La franchise-pilote

L'enquête ne sera pas complète si le futur franchisé néglige l'analyse en profondeur de la franchise-pilote. Ce premier franchisé constitue l'image parfaite du *franchise package*. Voici quatre points qu'il faudra couvrir:

- Combien existe-t-il de franchises-pilotes?
- Depuis combien de temps sont-elles exploitées?
- Quelles en sont les méthodes et procédures d'opération?
- Quels sont la rentabilité et le rythme de croissance des ventes de ces franchises-pilotes?

7.4.2 Les franchisés

Parallèlement aux visites guidées du franchiseur, le candidat aurait tout intérêt à visiter une franchise incognito. De cette manière, il pourra sans être surveillé par personne poser toutes les questions qu'il désire, tout en visitant les lieux d'un oeil critique. Parfois, le comportement du franchisé peut être modifié en la présence du franchiseur, par conséquent, ces tournées fortuites constituent une excellente façon d'évaluer la franchise.

7.4.3 La formation

7.4.3.1 La formation initiale

Puisque les franchiseurs partent de l'hypothèse que tous les futurs franchisés ne possèdent pas la formation professionnelle adéquate, ils les obligeront généralement à suivre une période de formation relativement longue. Ceci dans le but de leur faire acquérir et maîtriser parfaitement le savoir-faire particulier de la franchise. En quelque sorte, cette «période d'incubation» très fertile garantira au candidat la saine mise en marche de son établissement. Dans un ordre logique, il suivra les cours théoriques habituellement offerts au siège social de la compagnie mère ou dans une franchise-pilote, puis il assumera un nombre indéfini de fonctions dans l'une des franchises-pilotes pour parfaire sa formation pratique.

Il est conseillé au futur franchisé de s'informer sur le contenu du programme de formation et de s'assurer que les domaines suivants sont correctement abordés: techniques de vente, commercialisation, gestion, caractéristiques techniques du produit et des services, gestion des systèmes de contrôle financier, supervision et motivation du personnel, publicité aux points de vente, affichage, normes et procédures d'exploitation, service à la clientèle, etc.

7.4.3.2 La formation permanente

La plupart des franchiseurs organisent sur une base annuelle ou bi-annuelle des réunions, des cours, des stages de formation et de recyclage ou des séminaires. Ce programme permet à l'ensemble du réseau de connaître les dernières innovations de l'industrie. Dans notre monde en constante évolution où toute nouvelle idée est rapidement dépassée, cette initiative revêt une importance toute particulière.

Toutefois, ces programmes ne sont pas toujours offerts comme un service courant par les franchiseurs. De toute évidence, le futur franchisé devra s'informer sur le coût et la durée de ces programmes.

7.4.4 Le côté financier

Au chapitre V, le lecteur a abordé la question comptable et financière. Ici, pour faire un rappel, il sera simplement question des critères financiers de base qui aideront le candidat à sélectionner une franchise.

7.4.4.1 La mise de fonds

Dans toute aventure commerciale, l'investisseur potentiel a tout intérêt à élaborer en détail un budget d'investissement. Il ne peut rien omettre. Le moindre frais doit être considéré, si insignifiant soit-il. Voici un aperçu global des dépenses à envisager: consultations professionnelles, honoraires d'avocat, vérification comptable, courtage immobilier, impression et, si ce n'est pas déjà fait, frais d'incorporation.

Cet examen nécessite une attention toute particulière car ces éléments constitueront la base de votre demande d'emprunt. Mieux vaut être bien préparé lorsque vous solliciterez l'appui de votre banquier.

7.4.4.2 Les droits d'entrée

Le montant de ces droits varie d'une franchise à l'autre. Par conséquent, la prudence est de rigueur. Le futur franchisé devra évaluer exactement le contrepoids en services et privilèges pour déterminer si le prix est justifiable.

Le droit d'entrée peut inclure:

- les honoraires de gestion découlant de la livraison d'un établissement;
- le droit d'employer la ou les marques de commerce;
- le droit à un territoire exclusif;
- les coûts de formation initiale;
- le *franchise package*;
- les manuels d'instructions;
- les préparatifs concernant le contrat et les documents légaux.

7.4.4.3 Les redevances

De manière générale, elles représentent un pourcentage des ventes brutes réalisées à l'intérieur d'un exercice financier.

Selon le type de franchise et le statut commercial de la société, ces redevances varient entre 3% et 7%, parfois elles peuvent atteindre 10% à 12%. Ici encore, le futur franchisé et ses conseillers devront évaluer le bien-fondé du pourcentage en regard des services offerts par le franchiseur.

7.4.4.4 La publicité

Parmi les dépenses que le candidat aura à assumer, la publicité sera sûrement la plus utile. Les grandes franchises exigent de leurs membres une redevance fixée en fonction des ventes brutes;

les fonds seront destinés à une publicité de qualité supérieure. Les avantages pour le franchisé sont innombrables puisqu'il jouit d'une publicité à l'échelle nationale tout en ne payant qu'une fraction du coût. Cependant, le mécanisme ne se suffit pas à lui-même, le futur franchisé devra analyser l'allocation du budget pour savoir si la part affectée à la publicité constitue le meilleur investissement compte tenu du lien qu'il doit y avoir entre les dépenses et les retombées anticipées. L'effet d'entraînement des dépenses varie selon le média utilisé pour la publicité. Il faut analyser si la somme dépensée est effectivement canalisée vers les médias à haut effet d'entraînement.

7.4.4.5 Comment évaluer la rentabilité

Pour les fins d'une première sélection, un seul outil suffira au futur franchisé, soit le ratio très connu appelé RSI: retour sur l'investissement (*return on investment: ROI*). Ce ratio permettra, à toutes fins utiles, d'exclure de sa liste de choix les franchises les moins rentables. Le RSI s'exprime en pourcentage et se calcule ainsi:

RSI = Bénéfices nets avant impôts

Investissement total
(mise de fonds + investissements
subséquents)

Ce ratio permet de fixer la valeur du placement à l'intérieur d'un exercice financier. Malheureusement, le RSI ne peut pas tenir compte du gain en capital. Toutefois, il demeure un excellent étalon pour mesurer le rendement des franchises et de toute autre forme d'investissement.

7.4.4.6 Le budget d'opération

Cette analyse financière viendra chapeauter le tout. Le franchisé devra, avec l'aide de son comptable et les chiffres mis à sa disposition par le franchiseur, préparer un budget qui couvrira deux exercices financiers, soit vingt-quatre mois.

Mieux encore, certains franchiseurs proposent à leurs candidats l'élaboration d'un budget à trois volets mis à jour trimestriellement. Ce type de budget facilite grandement la gestion financière car il met en évidence les liens étroits existant entre les opérations, les mouvements de trésorerie et la situation financière.

Les avantages pour le franchisé sont nombreux:

- un bilan qui lui permettra d'utiliser de façon optimale ses ressources financières;
- un état des mouvements de trésorerie qui permettra au franchisé de mieux gérer les fonds pendant la phase critique de croissance, souvent caractérisée par une pénurie de liquidités (*cash crunch*);
- un système de comparaison fiable, par le biais d'un état des bénéfices, entre les revenus projetés et les revenus réels. Ce dispositif sonnera l'alarme et permettra au franchisé d'adopter les mesures nécessaires pour éviter le désastre.

De plus, ce budget d'opération sert de plan financier et représente la pièce maîtresse dans le processus d'obtention de crédit auprès des institutions financières. En effet, les gérants de crédit se basent sur:

- la valeur nette des actifs donnés en garantie;
- les mouvements de trésorerie: ce qu'on a fait avec le bénéfice (recherche et développement en résumé + capitalisation);
- les prévisions au fil des mois sur les bénéfices générés.

La préparation du budget ne requiert pas les services d'un comptable agréé. La présentation finale sépare les états en trois parties, quoique l'étroite relation qui existe entre elles saute vite aux yeux. Son élaboration est fondée sur les prévisions des ventes et les hypothèques faites par le franchiseur à partir de l'évolution des autres franchises. Le futur franchisé devra mettre à l'épreuve chacune de ces hypothèses parfois peu réalistes. Cette phase de remise en question piquera un peu l'orgueil du franchiseur. Peu importe, c'est votre avenir qui se joue et non le sien. S'il le faut, procédez à partir de trois scénarios: revenus élevés, revenus moyens et revenus très bas.

Quatre choses sont à savoir:

i) Avec l'aide du franchiseur et l'apport des experts, le futur franchisé pourra évaluer le volume des ventes sur une base mensuelle.

ii) Ensuite, grâce au chiffre d'affaires, il sera possible de déterminer les déboursés et l'ampleur du fonds de roulement nécessaire pour atteindre l'objectif fixé.

iii) À présent, le candidat possède une idée claire des emprunts qu'il faudra contracter. Il ne lui reste plus qu'à les répartir dans son budget selon son mode de financement: hypothèque ou crédit-bail.

iv) Normalement, le franchiseur devra fournir au candidat une liste de renseignements: les frais d'administration, le coût des équipements, les frais de main-d'oeuvre, les frais d'exploitation, les coûts proportionnels (royautés), le taux de rotation et la valeur des stocks, ainsi que tous les autres frais encourus pendant la réalisation du projet.

7.4.5 *La jungle juridique: le contrat*

Le contrat de franchise représente la pierre angulaire de la transaction. À ce stade, l'enjeu est trop important pour faire cavalier seul. Votre meilleur placement sera sans aucun doute les services d'un avocat-conseil. Avant de remettre les documents du contrat à votre avocat, assurez-vous que tous les engagements du franchiseur sont explicitement inclus dans le contrat.

Lors de l'étude du contrat, il faudra vérifier si tous les points suivants sont abordés:

- la propriété des actifs servant à l'exploitation de la franchise;
- les clauses de terminaison, de renouvellement et de transfert du contrat;
- les personnes liées par le contrat;
- les garanties personnelles à fournir;
- la possibilité ou l'obligation de la part du franchisé de former une compagnie;
- la durée de l'entente. Est-elle raisonnable pour permettre au franchisé de récupérer son capital et faire un profit?

- la définition du territoire exclusif et les garanties de respect;
- le coût du droit d'entrée;
- le montant des royautés à débourser et les modalités de paiement;
- la contribution au fonds de publicité commun;
- la nature des programmes de formation et de l'assistance technique;
- l'utilisation des marques de commerce;
- l'utilisation des droits brevetés;
- la connaissance des secrets commerciaux et les restrictions;
- les assurances jugées indispensables;
- le système et les moyens d'approvisionnement;
- les points que le franchisé s'engage à respecter:
  - les méthodes de gestion imposées et l'image de marque,
  - la qualité et l'uniformité des standards,
  - les heures d'ouverture,
  - la gamme des produits ou services à mettre en vente,
  - les achats auprès de fournisseurs agréés,
  - les conditions de paiement des comptes des fournisseurs;
- les droits et privilèges du franchiseur sur:
  - l'inspection régulière de toutes les fonctions du franchisé,
  - les pénalités prévues en cas de bris de contrat,
  - les recours légaux,
  - le premier refus lors de la vente de la franchise.

Vous pouvez vous référer au chapitre II de ce volume, qui traite plus en détail des fondements et composantes du contrat de franchise.

7.4.6 La protection territoriale

Le futur franchisé devra absolument insister sur ce point. Il est impensable que le franchiseur empiète sur un territoire de vente bien délimité. Normalement, ces clauses d'exclusivité sont incluses dans tout contrat de franchise, mais ce n'est pas suffisant.

Assurez-vous que *toutes* les garanties y sont *explicitement* formulées.

7.4.7 *L'emplacement et les locaux d'affaires*

Nous avons déjà souligné l'importance du site commercial. Il s'agit à présent de résumer la question pour donner au futur franchisé les éléments de base qui lui permettront de faire une première sélection.

Le site commercial fait souvent la différence entre une franchise rentable et une franchise déficitaire. Par conséquent, le candidat travaillera de pair avec le franchiseur pour déterminer le site. Toutefois, le futur franchisé fera probablement ses recherches personnelles pour faire part de ses exigences au franchiseur.

Cette recherche s'appuiera sur les statistiques suivantes:

- données démographiques;
- caractéristiques psychographiques du consommateur cible et du bassin de population immédiat;
- circulation, heures de pointe des piétons et des automobilistes;
- environnements industriel et commercial ainsi que leur achalandage;
- aménagement et zonage de la municipalité.

Pour mieux s'orienter et se situer par rapport au rôle du franchiseur, le candidat tâchera de répondre aux questions suivantes:

- Puis-je intervenir dans le choix du site?
- Ai-je le droit de vérifier et de commenter les études de localisation influençant le choix du site?
- Est-ce que j'aime ce site?
- Quels sont mes normes et mes critères de sélection?
- Le franchiseur m'accorde-t-il le droit de choisir mes locaux?
- Quelles sont les modalités d'occupation des locaux?
- Est-ce que j'achète, loue ou sous-loue les locaux?
- Puis-je voir les clauses du bail de location?
- Quels droits spéciaux ou prioritaires le franchiseur se réserve-t-il au bail?

- Quelles garanties de performance le franchiseur consent-il au bail?

7.4.8 La question de l'aménagement

Aménager des locaux signifie les équiper de fond en comble. Pour cela, il faut respecter des règles de base de sécurité et d'esthétique. Selon le concept de planification de l'aménagement, les locaux doivent être fonctionnels, faciles d'entretien et de contrôle.

Réfléchissez sur ces quelques points:

- le coût global;
- la propreté;
- l'état et la durabilité des équipements;
- les programmes d'entretien, de rénovation et de réaménagement en cas d'expansion;
- le choix du mobilier, la peinture, etc., et mon rôle comme intervenant;
- la corrélation entre installations et volume de vente.

7.4.9 Le prix de vente

Le candidat devra aussi comparer la structure des prix du franchiseur avec le reste de l'industrie, et jugera si elle est bien concurrentielle. Par ailleurs, il faut s'assurer que les prix suggérés par la société sont régulièrement révisés, pour s'adapter aux conditions changeantes du marché. Un point délicat à éclaircir: à qui revient ultimement le droit d'offrir des rabais sur certains produits?

7.4.10 Les sources d'approvisionnement et les quotas

Le candidat devra analyser les implications des procédures d'approvisionnement décrites dans le manuel d'instructions.

- Quelle est la marge de profit que le franchiseur réalise sur chaque unité qu'il vous vend?
- Est-ce que le franchiseur fournit ses produits et services ailleurs que dans le réseau de franchises?

- Le franchiseur impose-t-il des quotas maximums ou minimums d'achat sur l'approvisionnement régulier et promotionnel?
- Qui distribue, entrepose et livre les stocks?
- Quand (la fréquence)? Et comment?
- Le franchiseur est-il le fournisseur unique et officiel du réseau? Pouvez-vous choisir ailleurs si ses prix ne sont pas concurrentiels avec ceux du marché?
- Le franchiseur s'engage-t-il à rechercher constamment un regroupement des achats de façon à négocier de meilleurs prix d'ensemble pour tous les franchisés?
- Le franchiseur s'engage-t-il à exercer un contrôle régulier sur la qualité des produits et des services des fournisseurs, leur constance et leur disponibilité?

Tableau 7.2 Secteurs d'activités du franchisage

SECTEURS D'ACTIVITÉS	EXEMPLES
AUTOMOBILE	
Location	Rent-A-Wreck
Pièces et réparation	AMCO Transmissions
	Firestone
	Midas
	Octo Freins & Silencieux
Service de publicité	Triex
HÔTELLERIE-RESTAURATION	
Hôtellerie	Auberge des Gouverneurs
	Holiday Inn
Alimentation	Mont Carmel Fruits
	Octofruit
Boulangeries	Boulangerie Cantor
Dépanneurs	Dépanneur 7 Jours
	La Maisonnée
Pâtisseries,	A.L. Van Houtte
croissanteries, cafés	Croissant Plus
Restaurants familiaux	McDonald's
	Pastificio
	Rôtisseries St-Hubert
MAISON	
Décoration	Le Castor Bricoleur
	La Maison du Cadre
Aménagement paysager	Nutrite
Mobilier	Boiteau Luminaire
	Artisateck
Quincailleries, plomberies	Distribution Howden
Services immobiliers	Century 21

ORDINATEURS-PHOTO-VIDÉO

Centres informatiques	Compucentre
	Futur Byte
Centres de photo	Le Centre Japonais de la Photo
	Fotoplus
Clubs vidéo	Ciné Vidéo Club
	National Video

SECTEURS D'ACTIVITÉS	EXEMPLES
SERVICES DIVERS	
Agences de voyages	Voyage Servicentre
Écoles de conduite	École de conduite Lauzon
Location de bateaux	Rent-a-Turtle
Location d'équipements	Joe Loue Tout
Services d'entretien	Fabri-Zone International
Services de personnel	Services de personnel Hunt
Services de photocopie	Copie Xpress
Systèmes d'alarme	Alliance Security Systems
Déclarations d'impôts	H & R Block
SOINS PERSONNELS	
Acupuncture	Clinique Yves Leblanc
Centres d'amaigrissement	Kilocontrol Provincial
Coiffure	Vag
Maquillage	Colours
Pharmacies	Pharmaprix
Boutiques de petits appareils électriques	Mr Rasoir/Boutik Electrik
Salons de bronzage	R. X. Soleil
VÊTEMENTS	
Accessoires	Pingouin
Boutiques	Boutique Sélection
Nettoyeurs	Nettoyeurs Chatel

DIVERS

Magasins d'animaux	Animalerie Dauphin
Boutiques d'art	Athena
Boutiques de mode	Cléo
Boutiques de sports	André Lalonde Sports
Magasins à rayons	Affichart
Manufacturiers	Culligan

Tableau 7.3 Sources d'informations pour un futur franchisé dans sa recherche d'un franchiseur

— les petites annonces
— les publi-reportages (magasines, télévision)
— les expositions
— les courtiers
— les conseillers juridiques
— les consultants
— l'Institut national du franchisage
— le ministère de l'Industrie et du Commerce
— les associations de franchisés
— les franchisés
— les actionnaires, fournisseurs, conseillers, employés, sous-contractants impliqués directement ou indirectement dans la société de franchisage
— les institutions financières (qui sont également capables de vérifier la solidité financière et la réputation du franchiseur)
— les divers ouvrages et articles disponibles dans les bibliothèques publiques et d'affaires

Tableau 7.4 Exemple d'une fiche sommaire d'un franchiseur

Raison sociale de la franchise: _____

Nom: _____ Responsable: _____

Adresse: _____ Année d'incorporation: _____

N° de tél.: _____ Secteur: _____

Franchise-pilote: _____

Nombre de franchises exploitées: _____ Au Québec: _____

Au Canada: _____

À l'étranger: _____

Année d'ouverture de la première franchise: _____

Nombre de personnes composant le service aux franchisés: _____

Budget annuel de publicité du franchiseur au Québec: _____

LA FRANCHISE

Investissement total: _____

Montant initial exigé comptant: _____

Nombre moyen d'employés: _____

Population minimale dans la zone d'implantation: _____

Chiffre d'affaires moyen d'une franchise: _____

Profil du franchisé: _____

Description des produits: _____

LE CONTRAT

Durée: _____

Exclusivité du territoire: _____

Redevances: _____

Fonds publicitaire: _____

Renouvellement du contrat: _____

Montant du droit d'entrée: _____

FORMATION-GESTION

Formation fournie au franchisé: _____ **Au personnel:** _____

Formation continue: _____ **Durée:** _____

Services offerts: _____

Annexe

Outils de support utiles à l'élaboration du plan d'action

Tableau 7.5 Exemple d'un questionnaire

Questions qui vous touchent personnellement

	Oui	Non
1. Savez-vous pourquoi vous avez décidé d'acheter une franchise?	____	____
2. Jouissez-vous d'une bonne santé?	____	____
3. Vous intéressez-vous à la franchise parce que vous avez entendu dire qu'il y a beaucoup d'argent à faire dans ce genre de commerce?	____	____
4. Avez-vous choisi, après mûre réflexion, le type de franchise qui vous convient?	____	____
5. Votre expérience correspond-elle, d'une certaine façon, au type de franchise que vous avez choisi?	____	____
6. Croyez-vous réussir dans ce type de franchise sans l'appui des membres de votre famille? Si non, les membres de votre famille ont-ils été consultés?	____	____
7. Êtes-vous conscient du fait qu'être son propre patron exige de nombreux efforts?	____	____
8. Êtes-vous prêt à travailler le soir et même les fins de semaine?	____	____
9. Êtes-vous prêt à reporter vos vacances ou à ne pas en prendre si des événements imprévus se présentent?	____	____
10. Êtes-vous prêt à accepter que votre niveau de vie baisse durant les premières années d'exploitation de votre franchise?	____	____
11. Savez-vous que plusieurs mois, souvent quelques années, sont nécessaires avant de faire des profits?	____	____
12. Savez-vous que le franchiseur ne se porte pas garant de votre succès financier?	____	____
13. Avez-vous la compétence requise pour diriger des employés?	____	____

14. Dans le passé, avez-vous déjà analysé vos succès et vos échecs? ____ ____
15. Savez-vous exprimer clairement vos idées, sans les imposer à vos interlocuteurs? ____ ____
16. Êtes-vous prêt à vous conformer à des normes, des contrôles et des instructions établis par le franchiseur? ____ ____
17. Aimez-vous les gens, vous considérez-vous comme une personne sociable? ____ ____
18. Lorsque vous êtes contrarié, savez-vous dominer vos émotions? ____ ____
19. Vous considérez-vous comme une personne ayant une humeur égale? ____ ____
20. Faites-vous confiance aux autres? ____ ____
21. Avez-vous le souci du travail bien fait? ____ ____
22. Aimez-vous collaborer avec les autres? ____ ____
23. Savez-vous obtenir la collaboration des autres? ____ ____
24. Avez-vous une aptitude à manier les chiffres? ____ ____
25. Savez-vous dresser des états comptables prévisionnels? ____ ____
26. Savez-vous lire des états financiers? ____ ____
27. Savez-vous comment s'effectue une planification des ventes? ____ ____
28. Savez-vous comment se fait un contrôle d'inventaire? ____ ____
29. Savez-vous comment contrôler le coût de la masse salariale? ____ ____
30. Connaissez-vous plusieurs facteurs qui contribuent à une perte de chiffre d'affaires? ____ ____
31. Savez-vous comment préparer un bilan financier? ____ ____
32. Savez-vous comment bâtir une relève pour exploiter votre commerce advenant une absence prolongée de votre part? ____ ____
33. Pouvez-vous prendre des décisions en évitant l'indécision et la précipitation? ____ ____
34. Savez-vous communiquer votre enthousiasme aux personnes qui vous entourent? ____ ____

35. Êtes-vous porté à tout laisser tomber lorsque les choses vont mal? ____ ____

36. Êtes-vous plus exigeant envers vous-même qu'envers les autres? ____ ____

37. Êtes-vous méthodique dans votre travail quotidien? ____ ____

38. Accepterez-vous des conseils du franchiseur même si vous êtes entrepreneur indépendant? ____ ____

Questions qui touchent votre situation financière

39. Avez-vous présentement un capital suffisant pour acheter une franchise? ____ ____

40. Savez-vous que votre capital sera transformé en un capital de risque? ____ ____

41. Avez-vous, en fonds propres, au moins 25% de l'investissement total requis? ____ ____

42. Connaissez-vous la réputation des institutions prêteuses qui vous accorderont des prêts? ____ ____

43. Savez-vous quelles garanties annexes ces institutions prêteuses exigeront de vous? ____ ____

44. Êtes-vous prêt à perdre vos garanties dans le cas d'un échec complet? ____ ____

45. À partir d'une basse hypothèse de ventes, avez-vous établi le délai de récupération de votre investissement? ____ ____

46. À partir d'une moyenne hypothèse de ventes, avez-vous établi le délai de récupération de votre investissement? ____ ____

47. À partir d'une haute hypothèse de ventes, avez-vous établi le délai de récupération de votre investissement? ____ ____

48. Êtes-vous de nature économe? ____ ____

49. Dans le passé, avez-vous réussi à placer vos économies avec succès? ____ ____

Questions concernant vos qualités de gestionnaire

50. Êtes-vous conscient qu'une mauvaise gestion ou une sous-capitalisation peut conduire votre commerce à la faillite? _____ _____

51. Dans le passé, avez-vous géré un commerce et maintenu sa position avantageusement sur le marché? _____ _____

52. Serez-vous associé à une ou plusieurs personnes? Si oui, connaissez-vous leurs antécédents comme associés? Advenant une dispute entre vous et vos associés, savez-vous de quelle manière sera exploitée la franchise? _____ _____

Questions concernant le franchiseur et ses dirigeants

53. Connaissez-vous personnellement le franchiseur, ou l'un ou plusieurs de ses dirigeants? _____ _____

54. Connaissez-vous les expériences professionnelles de l'un ou de plusieurs des dirigeants du franchiseur? _____ _____

55. Savez-vous depuis combien d'années le franchiseur est en affaires? _____ _____

56. Savez-vous si le franchiseur, ou l'un ou plusieurs de ses dirigeants est présentement en litige devant les tribunaux? _____ _____

57. Savez-vous si le franchiseur, ou l'un ou plusieurs de ses dirigeants a, au cours des sept dernières années, fait une cession de biens, faillite ou a été déclaré insolvable? _____ _____

58. La franchise que vous désirez acheter vous a-t-elle été présentée comme un placement sûr et sans risque? _____ _____

59. Connaissez-vous les sommes d'argent que vous devrez verser au franchiseur avant l'ouverture de la franchise et après le début des opérations? _____ _____

60. Connaissez-vous vos obligations futures concernant l'achat des produits ou services que vous offrirez dans votre franchise? _____ _____
61. Connaissez-vous les restrictions du franchiseur concernant vos achats futurs? _____ _____
62. Connaissez-vous l'implication directe ou indirecte du franchiseur dans la gestion quotidienne de votre franchise? _____ _____
63. Connaissez-vous tous les termes et conditions de terminaison ou d'annulation du contrat de franchise? _____ _____

Questions concernant la franchise

Ventes et bénéfices

64. Avez-vous établi un prévisionnel des ventes, des dépenses et des bénéfices et l'avez-vous comparé aux résultats d'une franchise en opération? _____ _____
65. Avez-vous eu recours aux services d'un comptable? _____ _____
66. Avez-vous fait des études de marché? _____ _____
67. Avez-vous évalué votre part de marché? _____ _____

Emplacement et locaux

68. Pouvez-vous choisir l'emplacement de votre franchise vous-même? Si oui, l'emplacement choisi répond-il exactement à vos besoins? _____ _____
69. Le franchiseur a-t-il établi des normes quant au choix de l'emplacement et des locaux? _____ _____
70. Pouvez-vous modifier, selon vos goûts, l'aménagement du local de votre franchise? _____ _____
71. Savez-vous si vous devez louer ou acheter ledit local? _____ _____
72. Êtes-vous au courant des conditions d'achat ou de location dudit local? _____ _____

Équipements, installations, aménagement

73. Le contrat prévoit-il le type d'équipements et d'installations requis? ____ ____

74. Êtes-vous tenu d'acheter ou de louer des équipements et des mobiliers au franchiseur? Si oui, les conditions et les prix sont-ils comparables à ceux d'autres fournisseurs? ____ ____

75. L'aménagement du local doit-il se faire selon les spécifications du franchiseur? ____ ____

76. Êtes-vous autorisé à apporter des modifications aux spécifications du franchiseur? ____ ____

Protection du territoire

77. Le territoire est-il bien délimité? ____ ____

78. Le territoire peut-il être réduit ou agrandi? ____ ____

79. Avez-vous analysé la clause d'exclusivité territoriale définie dans le contrat de franchise? ____ ____

80. Êtes-vous satisfait de l'exclusivité territoriale définie au contrat? ____ ____

Considérations monétaires

81. Savez-vous quelles sont les redevances initiales forfaitaires que vous devrez payer? ____ ____

82. Savez-vous quelles sont les redevances complémentaires que vous devrez payer? ____ ____

83. Savez-vous si le franchiseur touchera des ristournes des fournisseurs avec lesquels vous ferez affaire? ____ ____

84. Avez-vous convenu des modalités de paiement pour les achats effectués chez le franchiseur? ____ ____

85. Le franchiseur vous aidera-t-il à financer votre franchise? Si oui, connaissez-vous toutes les conditions de remboursement de vos prêts? ____ ____

Formation

86. Le franchiseur offre-t-il un cours de formation? Si oui, en connaissez-vous le coût total, la durée et les conditions d'admission? ____ ____

Prix de vente

87. Les prix de vente des produits ou des services offerts sont-ils fixés par le franchiseur? ____ ____
88. Pouvez-vous en tout temps modifier les prix de vente et offrir des rabais? ____ ____
89. Les prix de vente suggérés par le franchiseur vous satisfont-ils? ____ ____

Quotas

90. Le contrat prévoit-il des quotas? Si oui, savez-vous ce qu'il adviendra si vous ne les obtenez pas? ____ ____

Approvisionnements

91. Devez-vous vendre uniquement les produits ou services déterminés par le franchiseur? ____ ____
92. Devez-vous acheter uniquement chez les fournisseurs agréés par le franchiseur? ____ ____
93. Pouvez-vous négocier des modalités de paiement avec les fournisseurs agréés par le franchiseur? ____ ____

Contrôle

94. Connaissez-vous les normes d'exploitation qui se rattachent à la franchise? ____ ____
95. Êtes-vous satisfait des normes d'exploitation que vous devez respecter? ____ ____

Conclusion

Le monde du franchisage est en pleine effervescence au Québec. On constate qu'actuellement 48% des ventes au détail sont détenues par des établissements franchisés, et l'on prévoit, pour 1990, que ce pourcentage s'élèvera à 75%.

La popularité de ce système de commercialisation provient en grande partie du fait qu'il est admis que moins de 10% des entreprises franchisées échouent à l'intérieur d'une période de dix ans, comparativement à 65% pour les entreprises indépendantes. Cette popularité découle également du fait que le franchisé peut gérer efficacement son entreprise grâce à une formule expérimentée, un système de gestion éprouvé, un plan de publicité national et des services de gestion répondant à ses besoins[1].

Mais il faut faire attention! Ce n'est pas en vous appuyant sur les statistiques que vous devez, en tant que futur franchisé, vous lancer les yeux fermés dans l'achat d'une franchise.

Pour résumer le contenu de ce livre, un investisseur qui désire acquérir une franchise doit répondre aux trois conditions fondamentales suivantes:

1. avoir un intérêt soutenu pour le domaine qu'il a choisi;
2. rencontrer les exigences du franchiseur;
3. correspondre au profil du gestionnaire habilité à opérer une franchise.

1. *Actualité Franchisage*, Samson Bélair, vol. 2, no 1, avril 1986.

Soyez prudent dans votre démarche d'achat; vu l'absence de contrôle législatif du franchisage, beaucoup d'affaires douteuses pourront se présenter. Nous vous suggérons donc de faire appel à un conseiller extérieur, car l'argent supplémentaire que vous dépenserez pour ces services représentera pour vous un investissement sûr, qui pourra, dans l'avenir, vous éviter beaucoup de problèmes et vous faire réaliser des économies appréciables.

Bibliographie

L'achat d'une franchise. Brochure n° 20 dans la collection «Votre affaire, c'est notre affaire», Banque fédérale de développement, 1979, 11 pages.

Comment négocier une franchise. Olivier Gast-Martin Mendelsohn, Éditions du Moniteur, 1981, 121 pages.

Développer votre entreprise par le franchisage. Jean H. Gagnon, Les Éditions Agence d'Arc Inc., 1984, 220 pages.

Le Guide du franchisage. Levasseur et Associés, éditeur en collaboration avec Hay, conseillers en administration et Roynat Montréal, 1983, 600 pages.

Pour une franchise sans surprise. Brochure n° 5 dans la collection Conseil de gestion, Thorne Riddell, comptables agréés, Poissant Richard, comptables agréés, 1984, 110 pages.

Répertoire des franchiseurs (Québec 86). Institut national sur le franchisage — Répertoire préparé par Louis Caron, Josée Gauthier, Pierre Leblanc, 1986, 176 pages.

Technique et pratique du franchising. Chambre nationale des conseillers financiers, Dunod entreprise dans la série «Gestion commerciale et marketing», Bordas, 1975, 146 pages.

Table des matières

La collection «Affaires», pour accroître vos chances de succès.

Ouvrages parus chez les éditeurs du groupe Sogides

* **Pour l'Amérique du Nord seulement** ** **Pour l'Europe seulement**
Sans * pour l'Europe et l'Amérique du Nord

LES EDITIONS DE L'HOMME

ANIMAUX

* **Art du dressage, L',** Chartier Gilles
Bien nourrir son chat, D'Orangeville Christian
Cheval, Le, Leblanc Michel
Chien dans votre vie, Le, Margolis Matthew et Swan Marguerite
* **Éducation du chien de 0 à 6 mois, L',** DeBuyser Dr Colette et Dr Dehasse Joël
Encyclopédie des oiseaux, Godfrey W. Earl
Mammifères de mon pays, Duchesnay St-Denis J. et Dumais Rolland
* **Mon chat, le soigner, le guérir,** D'Orangeville Christian
Observations sur les mammifères, Provencher Paul
Papillons du Québec, Veilleux Christian et Prévost Bernard
Petite ferme, T. 1, Les animaux, Trait Jean-Claude

Vous et votre berger allemand, Eylat Martin
Vous et votre boxer, Herriot Sylvain
Vous et votre caniche, Shira Sav
Vous et votre chat de gouttière, Gadi Sol
Vous et votre chow-chow, Pierre Boistel
Vous et votre doberman, Denis Paula
Vous et votre husky, Eylat Martin
Vous et votre labrador, Van Der Heyden Pierre
Vous et vos oiseaux de compagnie, Huard-Viau Jacqueline
Vous et votre persan, Gadi Sol
Vous et votre setter anglais, Eylat Martin
Vous et vos poissons d'aquarium, Ganiel Sonia
Vous et votre siamois, Eylat Odette

ARTISANAT/ARTS MÉNAGERS

Appareils électro-ménagers, Prentice-Hall of Canada
* **Art du pliage du papier,** Harbin Robert
Artisanat québécois, T. 1, Simard Cyril
Artisanat québécois, T. 2, Simard Cyril
Artisanat québécois, T. 3, Simard Cyril
Artisanat québécois, T.4, Simard Cyril, Bouchard Jean-Louis
Bon Fignolage, Le, Arvisais Dolorès A.
Coffret artisanat, Simard Cyril
Comment aménager une salle
Comment utiliser l'espace
Construire sa maison en bois rustique, Mann D. et Skinulis R.

Crochet Jacquard, Le, Thérien Brigitte
Cuir, Le, Saint-Hilaire Louis et Vogt Walter
Décapage-rembourrage
Décoration intérieure, La,
Dentelle, T. 1, La, De Seve Andrée-Anne
Dentelle, T. 2, La, De Seve Andrée-Anne
Dessiner et aménager son terrain, Prentice-Hall of Canada
Encyclopédie de la maison québécoise, Lessard Michel

Encyclopédie des antiquités, Lessard Michel
Entretenir et embellir sa maison, Prentice-Hall of Canada
Entretien et réparation de la maison, Prentice-Hall of Canada
Guide du chauffage au bois, Flager Gordon
J'apprends à dessiner, Nash Joanna
Je décore avec des fleurs, Bassili Mimi
J'isole mieux, Eakes Jon
Mécanique de mon auto, La, Time-Life Book
Menuiserie, La, Prentice-Hall of Canada

* Noeuds, Les, Shaw George Russell
Outils manuels, Les, Prentice-Hall of Canada
Petits appareils électriques, Prentice-Hall of Canada
Piscines, barbecues et patio
Terre cuite, Fortier Robert
Tissage, Le, Grisé-Allard Jeanne et Galarneau Germaine
Tout sur le macramé, Harvey Virginia L.
Trucs ménagers, Godin Lucille
Vitrail, Le, Bettinger Claude

ART CULINAIRE

À table avec soeur Angèle, Soeur Angèle
Art d'apprêter les restes, L', Lapointe Suzanne
Art de la cuisine chinoise, L', Chan Stella
Art de la table, L', Du Coffre Marguerite
Barbecue, Le, Dard Patrice
Bien manger à bon compte, Gauvin Jocelyne
Boîte à lunch, La, Lambert-Lagacé Louise
Brunches & petits déjeuners en fête, Bergeron Yolande
Cheddar, Le, Clubb Angela
Cocktails & punchs au vin, Poister John
Cocktails de Jacques Normand, Normand Jacques
Coffret la cuisine
Confitures, Les, Godard Misette
Congélation de A à Z, La, Hood Joan
Congélation des aliments, Lapointe Suzanne
Conserves, Les, Sansregret Berthe
Cornichons, Ketchups et Marinades, Chesman Andrea
Cuisine au wok, Solomon Charmaine
Cuisine chinoise, La, Gervais Lizette
Cuisine de Pol Martin, Martin Pol
Cuisine facile aux micro-ondes, Saint-Amour Pauline
Cuisine joyeuse de soeur Angèle, La, Soeur Angèle
Cuisine micro-ondes, La, Benoit Jehane
Cuisine santé pour les aînés, Hunter Denyse
Cuisiner avec le four à convection, Benoit Jehane

Cuisinez selon le régime Scarsdale, Corlin Judith
Faire son pain soi-même, Murray Gill Janice
Faire son vin soi-même, Beaucage André
Fondues & flambées de maman Lapointe, Lapointe Suzanne
Fondues, Les, Dard Patrice
Guide canadien des viandes, Le, App. & Services Canada
Muffins, Les, Clubb Angela
Nouvelle cuisine micro-ondes, La, Marchand Marie-Paul et Grenier Nicole
Nouvelle cuisine micro-ondes II, La, Marchand Marie-Paul, Grenier Nicole
Pâtes à toutes les sauces, Les, Lapointe Lucette
Pâtés et galantines, Dard Patrice
Pâtisserie, La, Bellot Maurice-Marie
Pizza, La, Dard Patrice
Poissons et fruits de mer, Sansregret Berthe
Recettes au blender, Huot Juliette
Recettes canadiennes de Laura Secord, Canadian Home Economics Association
Recettes de gibier, Lapointe Suzanne
Recettes de maman Lapointe, Les, Lapointe Suzanne
Recettes Molson, Beaulieu Marcel
Robot culinaire, Le, Martin Pol
Salades, sandwichs, hors-d'oeuvre, Martin Pol

BIOGRAPHIES POPULAIRES

Boy George, Ginsberg Merle
Daniel Johnson, T. 1, Godin Pierre
Daniel Johnson, T. 2, Godin Pierre
Daniel Johnson — Coffret, Godin Pierre
Dans la fosse aux lions, Chrétien Jean
Duplessis, T. 1 — L'ascension, Black Conrad
Duplessis, T. 2 — Le pouvoir, Black Conrad
Duplessis — Coffret, Black Conrad
Dynastie des Bronfman, La, Newman Peter C.

Establishment canadien, L', Newman Peter C.
Frère André, Le, Lachance Micheline
Mastantuono, Mastantuono Michel
Maurice Richard, Pellerin Jean
Mulroney, Macdonald L.I.
Nouveaux Riches, Les, Newman Peter C.
Prince de l'Église, Le, Lachance Micheline
Saga des Molson, La, Woods Shirley

DIÉTÉTIQUE

Contrôlez votre poids, Ostiguy Dr Jean-Paul
* **Cuisine sage,** Lambert-Lagacé Louise
Diététique dans la vie quotidienne, Lambert-Lagacé Louise
* **Maigrir en santé,** Hunter Denyse
* **Menu de santé,** Lambert-Lagacé Louise
Nouvelle cuisine santé, Hunter Denyse
Oubliez vos allergies et... bon appétit, Association de l'information sur les allergies
Petite & grande cuisine végétarienne, Bédard Manon

Plan d'attaque Weight Watchers, Le, Nidetch Jean
Recettes pour aider à maigrir, Ostiguy Dr Jean-Paul
* **Régimes pour maigrir,** Beaudoin Marie-Josée
Sage Bouffe de 2 à 6 ans, La, Lambert-Lagacé Louise
Weight Watchers — cuisine rapide et savoureuse, Weight Watchers
Weight Watchers-Agenda 85 — Français, Weight Watchers
Weight Watchers-Agenda 85 — Anglais, Weight Watchers

DIVERS

* **Acheter ou vendre sa maison,** Brisebois Lucille
* **Acheter et vendre sa maison ou son condominium,** Brisebois Lucille
* **Bourse, La,** Brown Mark
Chaînes stéréophoniques, Les, Poirier Gilles
* **Choix de carrières, T. 1,** Milot Guy
* **Choix de carrières, T. 2,** Milot Guy
* **Choix de carrières, T. 3,** Milot Guy
* **Comment rédiger son curriculum vitae,** Brazeau Julie
Conseils aux inventeurs, Robic Raymond
* **Dictionnaire économique et financier,** Lafond Eugène
* **Faire son testament soi-même,** Me Poirier Gérald, Lescault Nadeau Martine (notaire)
* **Faites fructifier votre argent,** Zimmer Henri B.
* **Guide de la haute-fidélité, Le,** Prin Michel
* **Je cherche un emploi,** Brazeau Julie

* **Loi et vos droits, La,** Marchand Paul-Émile
* **Règles d'or de la vente, Les,** Kahn George N.
* **Roulez sans vous faire rouler, T. 3,** Edmonston Philippe
Savoir vivre aujourd'hui, Fortin Jacques Marcelle
Séjour dans les auberges du Québec, Cazelais Normand, Coulon Jacques
Stratégies de placements, Nadeau Nicole
Temps des fêtes au Québec, Le, Montpetit Raymond
Tenir maison, Gaudet-Smet Françoise
* **Tout ce que vous devez savoir sur le condominium,** Dubois Robert
Univers de l'astronomie, L', Tocquet Robert
Vente, La, Hopkins Tom
Votre système vidéo, Boisvert Michel, Lafrance André A.
* **Week-end à New York,** Tavernier-Cartier Lise

ENFANCE

* Aider son enfant en maternelle, Pedneault-Pontbriand Louise
* Aidez votre enfant à lire et à écrire, Doyon-Richard Louise

Aidez votre enfant à lire et à écrire, Doyon-Richard Louise

Alimentation futures mamans, Gougeon Réjeanne et Sekely Trude

Années clés de mon enfant, Les, Caplan Frank et Theresa

Art de l'allaitement maternel, L', Ligue internationale La Leche

* Autorité des parents dans la famille, Rosemond John K.

Avoir des enfants après 35 ans, Robert Isabelle

Comment amuser nos enfants, Stanké Louis

* Comment nourrir son enfant, Lambert-Lagacé Louise

Deuxième année de mon enfant, La, Caplan Frank et Theresa

* Développement psychomoteur du bébé, Calvet Didier

Douze premiers mois de mon enfant, Les, Caplan Frank

* En attendant notre enfant, Pratte-Marchessault Yvette

* Encyclopédie de la santé de l'enfant, Feinbloom Richard I.

Enfant stressé, L', Elkind David

Enfant unique, L', Peck Ellen

Femme enceinte, La, Bradley Robert A.

Fille ou garçon, Langendoen Sally, Proctor William

* Frères-soeurs, Mcdermott Dr John F. Jr.

Futur père, Pratte-Marchessault Yvette

* Jouons avec les lettres, Doyon-Richard Louise

* Langage de votre enfant, Le, Langevin Claude

Maman et son nouveau-né, La, Sekely Trude

* Massage des bébés, Le, Auckette Amélia D.

Merveilleuse histoire de la naissance, La, Gendron Dr Lionel

Mon enfant naîtra-t-il en bonne santé?, Scher Jonathan, Dix Carol

Pour bébé, le sein ou le biberon?, Pratte-Marchessault Yvette

Pour vous future maman, Sekely Trude

Préparez votre enfant à l'école, Doyon-Richard Louise

* Psychologie de l'enfant, Cholette-Pérusse Françoise

Secret du paradis, Le, Stolkowski Joseph

* Tout se joue avant la maternelle, Ibuka Masaru

Un enfant naît dans la chambre de naissance, Fortin Nolin Louise

Viens jouer, Villeneuve Michel José

Vivez sereinement votre maternité, Vellay Dr Pierre

Vivre une grossesse sans risque, Fried, Dr Peter A.

ÉSOTÉRISME

Coffret — Passé — Présent — Avenir

Graphologie, La, Santoy Claude

Hypnotisme, L', Manolesco Jean

* Interprétez vos rêves, Stanké Louis

* Lignes de la main, Stanké Louis

Lire dans les lignes de la main, Morin Michel

Prévisions astrologiques 1985, Hirsig Huguette

Vos rêves sont des miroirs, Cayla Henri

* Votre avenir par les cartes, Stanké Louis

HISTOIRE

Arrivants, Les, Collectif

Ramsès II, le pharaon triomphant, Kitchen K.A.

INFORMATIQUE

* Découvrir son ordinateur personnel, Faguy François

Guide d'achat des micro-ordinateurs, Le Blanc Pierre

JARDINAGE

Arbres, haies et arbustes, Pouliot Paul
Culture des fleurs, des fruits, Prentice-Hall of Canada
Encyclopédie du jardinier, Perron W.H.
Guide complet du jardinage, Wilson Charles

Petite ferme, T. 2 — Jardin potager, Trait Jean-Claude
Plantes d'intérieur, Les, Pouliot Paul
Techniques du jardinage, Les, Pouliot Paul
* **Terrariums, Les,** Kayatta Ken

JEUX/DIVERTISSEMENTS

Améliorons notre bridge, Durand Charles
* **Bridge, Le,** Beaulieu Viviane
Clés du scrabble, Les, Sigal Pierre A.
Collectionner les timbres, Taschereau Yves
* **Dictionnaire des mots croisés, noms communs,** Lasnier Paul
* **Dictionnaire des mots croisés, noms propres,** Piquette Robert
* **Dictionnaire raisonné des mots croisés,** Charron Jacqueline

Finales aux échecs, Les, Santoy Claude
Jeux de société, Stanké Louis
* **Jouons ensemble,** Provost Pierre
* **Ouverture aux échecs,** Coudari Camille
Scrabble, Le, Gallez Daniel
Techniques du billard, Morin Pierre
* **Voir clair aux échecs,** Tranquille Henri

LINGUISTIQUE

Améliorez votre français, Laurin Jacques
* **Anglais par la méthode choc, L',** Morgan Jean-Louis
Corrigeons nos anglicismes, Laurin Jacques
* **J'apprends l'anglais,** Silicani Gino

Notre français et ses pièges, Laurin Jacques
Petit dictionnaire du joual, Turenne Auguste
Secrétaire bilingue, La, Lebel Wilfrid
Verbes, Les, Laurin Jacques

LIVRES PRATIQUES

Bonnes idées de maman Lapointe, Les, Lapointe Lucette

Temps c'est de l'argent, Le, Davenport Rita

MUSIQUE ET CINÉMA

* **Belles danses, Les,** Dow Allen
* **Guitare, La,** Collins Peter

Wolfgang Amadeus Mozart raconté en 50 chefs-d'oeuvre, Roussel Paul

NOTRE TRADITION

Coffret notre tradition
Écoles de rang au Québec, Les, Dorion Jacques
Encyclopédie du Québec, T. 1, Landry Louis
Encyclopédie du Québec, T. 2, Landry Louis
Histoire de la chanson québécoise, L'Herbier Benoît

Maison traditionnelle, La, Lessard Micheline
Moulins à eau de la vallée du Saint-Laurent, Adam Villeneuve
Objets familiers de nos ancêtres, Genet Nicole
Vive la compagnie, Daigneault Pierre

PHOTOGRAPHIE (ÉQUIPEMENT ET TECHNIQUE)

* **Apprenez la photographie avec Antoine Desilets,** Desilets Antoine
Chasse photographique, La, Coiteux Louis
8/Super 8/16, Lafrance André
Initiation à la Photographie, London Barbara
Initiation à la Photographie-Canon, London Barbara
Initiation à la Photographie-Minolta, London Barbara
Initiation à la Photographie-Nikon, London Barbara

Initiation à la Photographie-Olympus, London Barbara
Initiation à la Photographie-Pentax, London Barbara
* **Je développe mes photos,** Desilets Antoine
* **Je prends des photos,** Desilets Antoine
* **Photo à la portée de tous,** Desilets Antoine
Photo guide, Desilets Antoine
* **Technique de la photo, La,** Desilets Antoine

PSYCHOLOGIE

Âge démasqué, L', De Ravinel Hubert
* **Aider mon patron à m'aider,** Houde Eugène
* **Amour de l'exigence à la préférence,** Auger Lucien
Au-delà de l'intelligence humaine, Pouliot Élise
Auto-développement, L', Garneau Jean
Bonheur au travail, Le, Houde Eugène
Bonheur possible, Le, Blondin Robert
Chimie de l'amour, La, Liebowitz Michael
* **Coeur à l'ouvrage, Le,** Lefebvre Gérald
Coffret psychologie moderne
Colère, La, Tavris Carol
* **Comment animer un groupe,** Office Catéchèse
* **Comment avoir des enfants heureux,** Azerrad Jacob
* **Comment déborder d'énergie,** Simard Jean-Paul
Comment vaincre la gêne, Catta Rene-Salvator
* **Communication dans le couple, La,** Granger Luc
* **Communication et épanouissement personnel,** Auger Lucien
Comprendre la névrose et aider les névrosés, Ellis Albert
* **Contact,** Zunin Nathalie
* **Courage de vivre, Le,** Kiev Docteur A.
Courage et discipline au travail, Houde Eugène
Dynamique des groupes, Aubry J.-M. et Saint-Arnaud Y.
Élever des enfants sans perdre la boule, Auger Lucien
* **Émotivité et efficacité au travail,** Houde Eugène

Enfants de l'autre, Les, Paris Erna
* **Être soi-même,** Corkille Briggs, D.
* **Facteur chance, Le,** Gunther Max
* **Fantasmes créateurs, Les,** Singer Jérôme
* **J'aime,** Saint-Arnaud Yves
Journal intime intensif, Progoff Ira
Miracle de l'amour, Un, Kaufman Barry Neil
* **Mise en forme psychologique,** Corrière Richard
* **Parle-moi... J'ai des choses à te dire,** Salome Jacques
Penser heureux, Auger Lucien
* **Personne humaine, La,** Saint-Arnaud Yves
* **Première impression, La,** Kleinke Chris, L.
Prévenir et surmonter la déprime, Auger Lucien
* **Psychologie dans la vie quotidienne,** Blank Dr Léonard
* **Psychologie de l'amour romantique,** Braden Docteur N.
* **Qui es-tu grand-mère? Et toi grand-père?,** Eylat Odette
* **S'affirmer et communiquer,** Beaudry Madeleine
* **S'aider soi-même,** Auger Lucien
* **S'aider soi-même davantage,** Auger Lucien
* **S'aimer pour la vie,** Wanderer Dr Zev
* **Savoir organiser, savoir décider,** Lefebvre Gérald
* **Savoir relaxer et combattre le stress,** Jacobson Dr Edmund
* **Se changer,** Mahoney Michael
* **Se comprendre soi-même par des tests,** Collectif
* **Se concentrer pour être heureux,** Simard Jean-Paul

Se connaître soi-même, Artaud Gérard
* Se contrôler par biofeedback, Ligonde Paultre
* Se créer par la Gestalt, Zinker Joseph
* S'entraider, Limoges Jacques
* Se guérir de la sottise, Auger Lucien
Séparation du couple, La, Weiss Robert S.
Sexualité au bureau, La, Horn Patrice

Tendresse, La, Wölfl Norbert
* Vaincre ses peurs, Auger Lucien
Vivre à deux: plaisir ou cauchemar, Duval Jean-Marie
* Vivre avec sa tête ou avec son coeur, Auger Lucien
Vivre c'est vendre, Chaput Jean-Marc
* Vivre jeune, Waldo Myra
* Vouloir c'est pouvoir, Hull Raymond

ROMANS/ESSAIS

Adieu Québec, Bruneau André
Baie d'Hudson, La, Newman Peter C.
Bien-pensants, Les, Berton Pierre
Bousille et les justes, Gélinas Gratien
Coffret Establishment canadien, Newman Peter C.
Coffret Joey
C.P., Susan Goldenberg
Commettants de Caridad, Les, Thériault Yves
Deux innocents en Chine Rouge, Hébert Jacques
Dome, Jim Lyon
Emprise, L', Brulotte Gaétan
IBM, Sobel Robert
Insolences du Frère Untel, Les, Untel Frère

ITT, Sobel Robert
J'parle tout seul, Coderre Émile
Lamia, Thyraud de Vosjoli P.L.
Mensonge amoureux, Le, Blondin Robert
Nadia, Aubin Benoît
Oui, Lévesque René
Premiers sur la Lune, Armstrong Neil
Telle est ma position, Mulroney Brian
Terrorisme québécois, Le, Morf Gustave
Un doux équilibre, King Annabelle
Vrai visage de Duplessis, Le, Laporte Pierre

SANTÉ ET ESTHÉTIQUE

Allergies, Les, Delorme Dr Pierre
Art de se maquiller, L', Moizé Alain
* Bien vivre sa ménopause, Gendron Dr Lionel
Bronzer sans danger, Doka Bernadette
* Cellulite, La, Ostiguy Dr Jean-Paul
Cellulite, La, Léonard Dr Gérard J.
Exercices pour les aînés, Godfrey Dr Charles, Feldman Michael
Face lifting par l'exercice, Le, Runge Senta Maria
Grandir en 100 exercices, Berthelet Pierre
* Guérir ses maux de dos, Hall Dr Hamilton
Médecine esthétique, La, Lanctot Guylaine
Obésité et cellulite, enfin la solution, Léonard Dr Gérard J.
Santé, un capital à préserver, Peeters E.G.
Travailler devant un écran, Feeley, Dr Helen
Coffret 30 jours
30 jours pour avoir de beaux cheveux, Davis Julie

30 jours pour avoir de beaux ongles, Bozic Patricia
30 jours pour avoir de beaux seins, Larkin Régina
30 jours pour avoir de belles cuisses, Stehling Wendy
30 jours pour avoir de belles fesses, Cox Déborah
30 jours pour avoir un beau teint, Zizmor Dr Jonathan
30 jours pour cesser de fumer, Holland Gary, Weiss Herman
30 jours pour mieux organiser, Holland Gary
30 jours pour perdre son ventre, Burstein Nancy
30 jours pour perdre son ventre (homme), Matthews Roy, Burnstein Nancy
30 jours pour redevenir un couple amoureux, Nida Patricia K., Cooney Kevin
30 jours pour un plus grand épanouissement sexuel, Schneider Alan, Laiken Deidre

SEXOLOGIE

Adolescente veut savoir, L', Gendron Lionel
Fais voir, Fleischhaner H.
Guide illustré du plaisir sexuel, Corey Dr Robert E.
Helga, Bender Erich F.
Plaisir partagé, Le, Gary-Bishop Hélène

* **Première expérience sexuelle, La**, Gendron Lionel
* **Sexe au féminin, Le**, Kerr Carmen
* **Sexualité du jeune adolescent**, Gendron Lionel
* **Sexualité dynamique, La**, Lefort Dr Paul
* **Shiatsu et sensualité**, Rioux Yuki

SPORTS

Collection sport: dirigée par **LOUIS ARPIN**

100 trucs de billard, Morin Pierre
5BX Le programme pour être en forme
Apprenez à patiner, Marcotte Gaston
Arc et la Chasse, L', Guardo Greg
* **Armes de chasse, Les**, Petit Martinon Charles
* **Badminton, Le**, Corbeil Jean
* **Canoe-kayak, Le**, Ruck Wolf
* **Carte et boussole**, Kjellstrom Bjorn
* **Chasse au petit gibier, La**, Paquet Yvon-Louis
Chasse et gibier du Québec, Bergeron Raymond
Chasseurs sachez chasser, Lapierre Lucie
* **Comment se sortir du trou au golf**, Brien Luc
* **Comment vivre dans la nature**, Rivière Bill
* **Corrigez vos défauts au golf**, Bergeron Yves
Curling, Le, Lukowich Ed.
Devenir gardien de but au hockey, Allaire François
Encyclopédie de la chasse au Québec, Leiffet Bernard
Entraînement, poids-haltères, L', Ryan Frank
Exercices à deux, Gregor Carol
Golf au féminin, Le, Bergeron Yves
Grand livre des sports, Le, Le groupe Diagram
Guide complet du judo, Arpin Louis
* **Guide complet du self-defense**, Arpin Louis
Guide d'achat de l'équipement de tennis, Chevalier Richard, Gilbert Yvon
* **Guide de survie de l'armée américaine**
Guide des jeux scouts, Association des scouts
Guide du judo au sol, Arpin Louis
Guide du self-defense, Arpin Louis
Guide du trappeur, Le, Provencher Paul

Hatha yoga, Piuze Suzanne
* **J'apprends à nager**, Lacoursière Réjean
* **Jogging, Le**, Chevalier Richard
Jouez gagnant au golf, Brien Luc
Larry Robinson, le jeu défensif, Robinson Larry
Lutte olympique, La, Sauvé Marcel
* **Manuel de pilotage**, Transports Canada
* **Marathon pour tous**, Anctil Pierre
* **Médecine sportive**, Mirkin Dr Gabe
Mon coup de patin, Wild John
* **Musculation pour tous**, Laferrière Serge
Natation de compétition, La, Lacoursière Réjean
Partons en camping, Satterfield Archie, Bauer Eddie
Partons sac au dos, Satterfield Archie, Bauer Eddie
Passes au hockey, Les, Champleau Claude
Pêche à la mouche, La, Marleau Serge
Pêche à la mouche, Vincent Serge-J.
Pêche au Québec, La, Chamberland Michel
* **Planche à voile, La**, Maillefer Gérald
* **Programme XBX**, Aviation Royale du Canada
Provencher, le dernier coureur des bois, Provencher Paul
Racquetball, Corbeil Jean
Racquetball plus, Corbeil Jean
Raquette, La, Osgoode William
* **Règles du golf, Les**, Bergeron Yves
Rivières et lacs canotables, Fédération québécoise du canot-camping
* **S'améliorer au tennis**, Chevalier Richard
Secrets du baseball, Les, Raymond Claude

Ski de fond, Le, Caldwell John
Ski de fond, Le, Roy Benoît
* Ski de randonnée, Le, Corbeil Jean
Soccer, Le, Schwartz Georges
* Sport, santé et nutrition, Ostiguy Dr Jean
Stratégie au hockey, Meagher John W.
Surhommes du sport, Les, Desjardins Maurice
* Taxidermie, La, Labrie Jean
Techniques du billard, Morin Pierre

* Technique du golf, Brien Luc
Techniques du hockey en URSS, Dyotte Guy
* Techniques du tennis, Ellwanger
* Tennis, Le, Roch Denis
Tous les secrets de la chasse, Chamberland Michel
Vivre en forêt, Provencher Paul
Voie du guerrier, La, Di Villadorata
Yoga des sphères, Le, Leclerq Bruno

le jour, éditeur

ANIMAUX

Guide du chat et de son maître, Laliberté Robert
Guide du chien et de son maître, Laliberté Robert

Poissons de nos eaux, Melançon Claude

ART CULINAIRE ET DIÉTÉTIQUE

Armoire aux herbes, L', Mary Jean
Breuvages pour diabétiques, Binet Suzanne
Cuisine du jour, La, Pauly Robert
Cuisine sans cholestérol, Boudreau-Pagé
Desserts pour diabétiques, Binet Suzanne
Jus de santé, Les, Brunet Jean-Marc
Mangez ce qui vous chante, Pearson Dr Leo

Mangez, réfléchissez et devenez svelte, Kothkin Leonid
Nutrition de l'athlète, Brunet Jean-Marc
Recettes Soeur Berthe — été, Sansregret soeur Berthe
Recettes Soeur Berthe — printemps, Sansregret soeur Berthe

ARTISANAT/ARTS MÉNAGERS

Décoration, La, Carrier Diane
Diagrammes de courtepointes, Faucher Lucille
Douze cents nouveaux trucs, Grisé-Allard Jeanne

Encore des trucs, Grisé-Allard Jeanne
Mille trucs madame, Grisé-Allard Jeanne
Toujours des trucs, Grisé-Allard Jeanne

DIVERS

Administrateur de la prise de décision, L', Filiatreault P., Perreault, Y.G.
Administration, développement, Laflamme Marcel
Assemblées délibérantes, Béland Claude
Assoiffés du crédit, Les, Féd. des A.C.E.F.
Baie James, La, Bourassa Robert

Bien s'assurer, Boudreault Carole
Cent ans d'injustice, Hertel François
Ces mains qui vous racontent, Boucher André-Pierre
550 métiers et professions, Charneux Helmy
Coopératives d'habitation, Les, Leduc Murielle

ENFANCE

ÉSOTÉRISME

HISTOIRE

JEUX/DIVERTISSEMENTS

LINGUISTIQUE

Des mots et des phrases, T. 1, Dagenais Gérard
Des mots et des phrases, T. 2, Dagenais Gérard

Joual de Troie, Marcel Jean

NOTRE TRADITION

Ah mes aïeux, Hébert Jacques

Lettre à un Français qui veut émigrer au Québec, Dubuc Carl

OUVRAGES DE RÉFÉRENCE

Règles d'or de la vente, Les, Kahn George N.

PSYCHOLOGIE

* Adieu, Halpern Dr Howard
* Agressivité créatrice, Bach Dr George
* Aimer son prochain comme soi-même, Murphy Joseph
* Anti-stress, L', Eylat Odette
Arrête! tu m'exaspères, Bach Dr George
Art d'engager la conversation et de se faire des amis, L', Gabor Don
* Art de convaincre, L', Ryborz Heinz
* Art d'être égoïste, L', Kirschner Josef
* Au centre de soi, Gendlin Dr Eugène
* Auto-hypnose, L', Le Cron M. Leslie
Autre femme, L', Sevigny Hélène
Bains Flottants, Les, Hutchison Michael
* Bien dans sa peau grâce à la technique Alexander, Stransky Judith
Ces vérités vont changer votre vie, Murphy Joseph
Chemin infaillible du succès, Le, Stone W. Clément
Clefs de la confiance, Les, Gibb Dr Jack
Comment aimer vivre seul, Shanon Lynn
* Comment devenir des parents doués, Lewis David
* Comment dominer et influencer les autres, Gabriel H.W.
Comment s'arrêter de fumer, Mc Farland J. Wayne
* Comment vaincre la timidité en amour, Weber Éric
Contacts en or avec votre clientèle, Sapin Gold Carol
* Contrôle de soi par la relaxation, Marcotte Claude
Couple homosexuel, Le, McWhirter David P., Mattison Andrew M.

Découvrez l'inconscient par la parapsychologie, Ryzl Milan
* Devenir autonome, St-Armand Yves
* Dire oui à l'amour, Buscaglia Léo
Enfants du divorce se racontent, Les, Robson Bonnie
* Ennemis intimes, Bach Dr George
Espaces intérieurs, Les, Eisenberg Dr Howard
États d'esprit, Glasser Dr William
* Être efficace, Hanot Marc
Être homme, Goldberg Dr Herb
* Fabriquer sa chance, Gittenson Bernard
Famille moderne et son avenir, La, Richards Lyn
Gagner le match, Gallwey Timothy
Gestalt, La, Polster Erving
Guide de l'urgence-stress, Reuben Dr David
Guide du succès, Le, Hopkins Tom
L'Harmonie, une poursuite du succès, Vincent Raymond
* Homme au dessert, Un, Friedman Sonya
Homme en devenir, L', Houston Jean
* Homme nouveau, L', Bodymind, Dychtwald Ken
* Jouer le tout pour le tout, Frederick Carl
Maigrir sans obsession, Orbach Susie
Maîtriser la douleur, Bogin Meg
Maîtriser son destin, Kirschner Josef
Manifester son affection, Bach Dr George
* Mémoire, La, Loftus Elizabeth
* Mémoire à tout âge, La, Dereskey Ladislaus
* Mère et fille, Horwick Kathleen
* Miracle de votre esprit, Murphy Joseph

ROMANS/ESSAIS

Jean-Paul ou les hasards de la vie, Bellier Marcel
Johnny Bungalow, Villeneuve Paul
Jolis Deuils, Carrier Roch
Lettres d'amour, Champagne Maurice
Louis Riel patriote, Bowsfield Hartwell
Louis Riel un homme à pendre, Osler E.B.
Ma chienne de vie, Labrosse Jean-Guy
Marche du bonheur, La, Gilbert Normand
Mémoires d'un Esquimau, Metayer Maurice

Mon cheval pour un royaume, Poulin J.
Neige et le feu, La, Baillargeon Pierre
N'Tsuk, Thériault Yves
Opération Orchidée, Villon Christiane
Orphelin esclave de notre monde, Labrosse Jean
Oslovik fait la bombe, Oslovik
Parlez-moi d'humour, Hudon Normand
Scandale est nécessaire, Le, Baillargeon Pierre
Vivre en amour, Delisle Lapierre

SANTÉ

Alcool et la nutrition, L', Brunet Jean-Marc
Bruit et la santé, Le, Brunet Jean-Marc
Chaleur peut vous guérir, La, Brunet Jean-Marc
Échec au vieillissement prématuré, Blais J.
Greffe des cheveux vivants, Guy Dr
Guérir votre foie, Brunet Jean-Marc
Information santé, Brunet Jean-Marc
Magie en médecine, Silva Raymond
Maigrir naturellement, Lauzon Jean-Luc

Mort lente par le sucre, Duruisseau Jean-Paul
40 ans, âge d'or, Taylor Eric
Recettes naturistes pour arthritiques et rhumatisants, Cuillerier Luc
Santé de l'arthritique et du rhumatisant, Labelle Yvan
* Tao de longue vie, Le, Soo Chee
Vaincre l'insomnie, Filion Michel, Boisvert Jean-Marie, Melanson Danielle
Vos aliments sont empoisonnés, Leduc Paul

SEXOLOGIE

* Aimer les hommes pour toutes sortes de bonnes raisons, Nir Dr Yehuda
* Apprentissage sexuel au féminin, L', Kassorla Irene
* Comment faire l'amour à un homme, Penney Alexandra
* Comment faire l'amour à une femme, Morgenstern Michael
* Comment faire l'amour ensemble, Penney Alexandra
* Comment séduire les filles, Weber Éric
Dépression nerveuse et le corps, La, Lowen Dr Alexander
Drogues, Les, Boutot Bruno
* Femme célibataire et la sexualité, La, Robert M.

* Jeux de nuit, Bruchez Chantal
* Massage en profondeur, Le, Bélair Michel
Massage pour tous, Le, Morand Gilles
* Orgasme au féminin, L', L'heureux Christine
* Orgasme au masculin, L', Boutot Bruno
* Orgasme au pluriel, L', Boudreau Yves
Première fois, La, L'Heureux Christine
Rapport sur l'amour et la sexualité, Brecher Edward
Sexualité expliquée aux adolescents, La, Boudreau Yves
Sexualité expliquée aux enfants, La, Cholette Pérusse F.

SPORTS

Baseball-Montréal, Leblanc Bertrand
Chasse au Québec, Deyglun Serge
Chasse et gibier du Québec, Guardo Greg
Exercice physique pour tous, Bohemier Guy
Grande forme, Baer Brigitte
Guide des pistes cyclables, Guy Côté

Guide des rivières du Québec, Fédération canot-kayac
Lecture des cartes, Godin Serge
Offensive rouge, L', Boulonne Gérard
Pêche et coopération au Québec, Larocque Paul
Pêche sportive au Québec, Deyglun Serge

Raquette, La, Lortie Gérard
Santé par le yoga, Piuze Suzanne
Saumon, Le, Dubé Jean-Paul
Ski nordique de randonnée, Brady Michael
Technique canadienne de ski, O'Connor Lorne

Truite et la pêche à la mouche, La, Ruel Jeannot
Voile, un jeu d'enfants, La, Brunet Mario

ASTROLOGIE

* Ciel de mon pays, Le, T. 1, Haley Louise * Ciel de mon pays, Le, T. 2, Haley Louise

BIOGRAPHIES

* Papineau, De Lamirande Claire

* Personne ne voudra savoir, Schirm François

DIVERS

* Défi québécois, Le, Monnet François-Marie
* Dieu est Dieu nom de Dieu, Clavel Maurice
* Hybride abattu, L', Boissonnault Pierre
* Montréal ville d'avenir, Roy Jean
* Nouveau Canada à notre mesure, Matte René
* Pour une économie du bon sens, Pelletier Mario
* Québec et ses partenaires, A.S.D.E.Q.

* Qui décide au Québec?, Ass. des économistes du Québec
* 15 novembre 76, Dupont Pierre
* Relations du travail, Centre des dirigeants d'entreprise
* Schabbat, Bosco Monique
* Syndicats en crise, Les, Dupont Pierre
* Tant que le monde s'ouvrira, Gagnon G.
* Tout sur les p'tits journaux, Fontaine Mario

HISTOIRE

* Canada — Les débuts héroïques, Creighton Donald

HUMOUR

* Humour d'Aislin, L', Mosher Terry-Aislin

LINGUISTIQUE

* Guide raisonné des jurons, Pichette Jean

NOTRE TRADITION

* À diable-vent, Gauthier Chassé Hélène
* Barbes-bleues, Les, Bergeron Bertrand
* Bête à sept têtes, La, Légaré Clément
* C'était la plus jolie des filles, Deschênes Donald
* Contes de bûcherons, Dupont Jean-Claude

* Corbeau du mont de la Jeunesse, Le, Desjardins Philémon
* Menteries drôles et merveilleuses, Laforte Conrad
* Oiseau de la vérité, L', Aucoin Gérald
* Pierre La Fève, Légaré Clément

PSYCHOLOGIE

* **Esprit libre, L',** Powell Robert

ROMANS/ESSAIS

* **Aaron,** Thériault Yves
* **Aaron, 10/10,** Thériault Yves
* **Agaguk,** Thériault Yves
* **Agaguk, 10/10,** Thériault Yves
* **Agénor, Agénor, Agénor et Agénor,** Barcelo François
* **Ah l'amour, l'amour,** Audet Noël
* **Amantes,** Brossard Nicole
* **Après guerre de l'amour, L',** Lafrenière J.
* **Aube,** Hogue Jacqueline
* **Aube de Suse, L',** Forest Jean
* **Aventure de Blanche Morti, L',** Beaudin Beaupré Aline
* **Beauté tragique,** Robertson Heat
* **Belle épouvante, La,** Lalonde Robert
* **Black Magic,** Fontaine Rachel
* **Blocs erratiques,** Aquin Hubert
* **Blocs erratiques, 10/10,** Aquin Hubert
* **Bourru mouillé,** Poupart Jean-Marie
* **Bousille et les justes,** Gélinas Gratien
* **Bousille et les justes, 10/10,** Gélinas Gratien
* **Carolie printemps,** Lafrenière Joseph
* **Charles Levy M.D.,** Bosco Monique
* **Chère voisine,** Brouillet Chrystine
* **Chère voisine, 10/10,** Brouillet Chrystine
* **Chroniques du Nouvel-Ontario,** Brodeur Hélène
* **Confessions d'un enfant,** Lamarche Jacques
* **Corps vêtu de mots, Le,** Dussault Jean
* **Coup de foudre,** Brouillet Chrystine
* **Couvade, La,** Baillie Robert
* **Cul-de-sac, 10/10,** Thériault Yves
* **De mémoire de femme,** Andersen Marguerite
* **Demi-Civilisés, Les, 10/10,** Harvey Jean-Charles
* **Dernier havre, Le, 10/10,** Thériault Yves
* **Dernière chaîne, La,** Latour Chrystine
* **Des filles de beauté,** Baillie Robert
* **Difficiles lettres d'amour,** Garneau Jacques
* **Dix contes et nouvelles fantastiques,** Collectif
* **Dix nouvelles de science-fiction québécoise,** Collectif
* **Dix nouvelles humoristiques,** Collectif
* **Dompteurs d'ours, Le,** Thériault Yves
* **Double suspect, Le,** Monette Madeleine
* **En eaux troubles,** Bowering George
* **Entre l'aube et le jour,** Brodeur Hélène
* **Entre temps,** Marteau Robert
* **Entretiens avec O. Létourneau,** Huot Cécile
* **Esclave bien payée, Une,** Paquin Carole
* **Essai sur l'Hindouisme,** Dussault Jean-Claude
* **Été de Jessica, Un,** Bergeron Alain
* **Et puis tout est silence,** Jasmin Claude
* **Été sans retour, L',** Gevry Gérard
* **Faillite du Canada anglais, La,** Genuist Paul
* **Faire sa mort comme faire l'amour,** Turgeon Pierre
* **Faire sa mort comme faire l'amour, 10/10,** Turgeon Pierre
* **Femme comestible, La,** Atwood Margaret
* **Fille laide, La,** Thériault Yves
* **Fille laide, La, 10/10,** Thériault Yves
* **Fleur aux dents, La,** Archambault Gilles
* **Fragiles lumières de la terre,** Roy Gabrielle
* **French Kiss,** Brossard Nicole
* **Fridolinades, T. 1 (45-46),** Gélinas Gratien
* **Fridolinades, T. 2 (43-44),** Gélinas Gratien
* **Fridolinades, T. 3 (41-42),** Gélinas Gratien
* **Fuites & poursuites,** Collectif
* **Gants jetés, Les,** Martel Émile
* **Grand branle-bas, Le,** Hébert Jacques
* **Grand Elixir, Le,** De Lamirande Claire
* **Grand rêve de madame Wagner, Le,** Lavigne Nicole
* **Histoire des femmes au Québec,** Collectif Clio
* **Holyoke,** Hébert François
* **Homme sous vos pieds, L',** Gevry Gérard
* **Hubert Aquin,** Lapierre René
* **Improbable autopsie, L',** Paré Paul
* **Indépendance oui mais,** Bergeron Gérard
* **IXE-13,** Saurel Pierre
* **Jazzy,** Doerkson Margaret
* **Je me veux,** Lamarche Claude

Achevé   Imprimerie
d'imprimer Gagné Ltée
au Canada   Louiseville